westermann

Brigitte vom Wege, Mechthild Wessel

Herausgeber: Wassilios E. Fthenakis

Kunstaktionen in der Kita

Spielgeschichten, Ausflüge und Projekte

1. Auflage

Bestellnummer 12755

Die in diesem Produkt gemachten Angaben zu Unternehmen (Namen, Internet- und E-Mail-Adressen, Handelsregistereintragungen, Bankverbindungen, Steuer-, Telefon- und Faxnummern und alle weiteren Angaben) sind i. d. R. fiktiv, d. h., sie stehen in keinem Zusammenhang mit einem real existierenden Unternehmen in der dargestellten oder einer ähnlichen Form. Dies gilt auch für alle Kunden, Lieferanten und sonstigen Geschäftspartner der Unternehmen wie z. B. Kreditinstitute, Versicherungsunternehmen und andere Dienstleistungsunternehmen. Ausschließlich zum Zwecke der Authentizität werden die Namen real existierender Unternehmen und z. B. im Fall von Kreditinstituten auch deren IBANs und BICs verwendet.

westermann GRUPPE

Druck und Bindung: Westermann Druck GmbH, Georg-Westermann-Allee 66, 38104 Braunschweig

ISBN 978-3-427-**12755**-0

INHALT

VORWORT

Projektorientiertes Lernen ist ganzheitliches Lernen – mit Kopf, Herz und Hand.

Ganzheitliches wie auch exemplarisches Lernen orientiert sich am Entwicklungsstand und an der Lebenssituation der Kinder und sollte in besonderem Maße die Ziele einer fortschrittlichen Kindheitspädagogik verfolgen. Die Kinder werden nicht über- oder unterfordert, sondern der Lernansatz geht von ihren Stärken aus und integriert mögliche Defizite. Jedes Kind bringt sich dabei mit seinen individuellen Erfahrungen, sozial-emotionalen Fähigkeiten und kreativ-manuellen Fertigkeiten in das geplante Geschehen ein.

Die Bildwahrnehmung von Kindern und Erwachsenen unterscheidet sich grundsätzlich. Der Erwachsene kann bereits auf ein Repertoire an Bildzeichen und ihre Bedeutungen zurückgreifen. Er versteht abstrakte Bilder und weiß symbolhafte Bildsprache zu deuten. Kinder erkennen dagegen zunächst nur die naturgetreue Abbildung der Wirklichkeit. Mit der Zeit bleiben immer mehr Bildeindrücke und Bilderzeichen im Gedächtnis haften. Nach und nach eignen sich Kinder die Bildersprache, ihre Symbole, Bildzeichen und deren Deutung an, indem sie sie zunächst miteinander vergleichen, dann verstehen und schließlich selbst verwenden.

Dieser Wahrnehmungsbereich wird durch das Betrachten von künstlerischen Bilderbüchern und Kunstwerken nachhaltig gefördert. Künstlerische Gestaltungstechniken bereichern zudem kindliche Sinneseindrücke.

VORWORT

Form- und Farbgebung der Bildgestaltung erwecken beim kindlichen Betrachter bestimmte Empfindungen. Künstlerische Eindrücke entstehen durch Reduktion und Konzentration der Bildaussage auf das Wesentliche, entsprechen der speziellen Art kindlicher Bilderfassung.

Kinder, die mit Bilderbüchern, Kunstwerken und Theaterbesuchen aufgewachsen sind, finden nachhaltiger und schneller einen Zugang zu den Kulturtechniken wie Rechnen, Schreiben und Lesen, da sie die abstrakte Symbolsprache leichter erlernen können.

Mechthild Wessel

Die Planung, Organisation und Durchführung von kreativen Spielgeschichten, Kunstaktionen und Museumsbesuchen können in Form von Projekten erfolgen, wobei unterschiedliche Angebote dafür sorgen, dass das Thema kindgerecht entwickelt wird. Persönliches Engagement trägt dann dazu bei, Kinder, Eltern und kunstpädagogische Fachkräfte in die notwendigen Vor- und Nachbereitungsarbeiten einzubinden.

Brigitte vom Wege

Erfolge stärken das Gemeinschaftsgefühl und machen Lust auf weitere künstlerische Projekte.
Das wünschen wir Ihnen und den Kindern bei den in diesem Buch vorgestellten Spielaktionen, Mitmachgeschichten und kreativen Ausflügen.

1 Mit Kunst spielen

Im Spiel und gestalterischen Tun entwickeln Kinder ihre schöpferischen Kräfte, wobei individuelle Gestaltungsfähigkeiten deutlich werden.

Bezugspersonen und pädagogische Fachkräfte können die Kinder dabei unterstützen, ihnen durch Förderung und Beachtung die Entfaltung einer selbstbewussten, kreativen Persönlichkeit erleichtern.

Am wichtigsten ist aber, dass Kinder eine Idee entwickeln von dem, was sie machen wollen und nicht das fertige Ergebnis vorgegeben bekommen. Vielfältige Spiel- und Erlebnismöglichkeiten, neue Techniken sowie ein freier Zugang zu Materialien erhöhen den Ideenfluss und erweitern das Repertoire kindlicher Gestaltungsweisen, wobei ihnen ortsnahe Naturerlebnisse weitere anregende Erfahrungen eröffnen.

Kunst und Spiel sollte für Kinder in ihrer ganzen Vielfalt erlebbar werden. Denn im Erleben künstlerischer Ereignisse und in der praktischen Auseinandersetzung mit Kunst entwickeln Kinder spielerisch ihr Imaginations- und Ausdrucksvermögen, schulen ihre Wahrnehmungsfähigkeit und erwerben künstlerische Fähigkeiten. Dies stärkt Kinder dafür, sich in ihrer Lebenswelt zu orientieren und sich mit ihr sowie mit anderen Menschen auch auf kreative Weise auseinanderzusetzen.

1

1.1 Die Geschichte der verschwundenen Bilder (Spielkette)

WAS PASSIERT BEI EINER SPIELKETTE?

* *Die Spielkette ist eine zielgerichtete Aufeinanderfolge verschiedener angeleiteter Spielformen, die durch ein bestimmtes Leitmotiv (Geschichte/Erzählung) miteinander verbunden sind.*
* *Die Spielkette ist an das Alter und die Gruppenstruktur angepasst, hat einen hohen Aufforderungscharakter und lässt den Mitspielern ausreichend Freiraum für Fantasie, Eigeninitiative und kooperative Weiterentwicklung.*
* *Die Spielkette benötigt eine Spielleitung, ca. 10 Mitspieler, ausreichend Zeit und meistens viel Platz (drinnen oder draußen).*
* *Es ist wenig Materialvorbereitung notwendig, dafür aber eine hohe Flexibilität der Mitspieler und Spielleiterinnen.*

„Die Geschichte der verschwundenen Bilder“

Wer macht mit: 2 Spielleiterinnen, 8–10 Mitspieler, ab 5/6 Jahre

Wo: im Gruppen- oder Bewegungsraum

Wie lange: ca. 2 Stunden Spielzeit

DIE GESCHICHTE	SO WIRD'S GEMACHT	DAS WIRD GEBRAUCHT
(Spielleiterin 1): *Heute Morgen habe ich einen Brief bekommen. Er ist von meiner Freundin, der Malerin Malena. Sie wohnt in einem großen Haus mit vielen Bildern. Aber seit gestern hängen dort nur noch die Rahmen, ohne die Bilder. Die Bilder sind wie von Zauberhand einfach aus den Rahmen verschwunden. Nun fragt sie uns, ob wir ihr vielleicht helfen können, neue Bilder für die Rahmen zu malen. Bevor wir zu ihr gehen, müssen wir aber unsere Tasche packen. Jeder nimmt etwas zum Malen mit.* →	Die Spielleiterin 1 und die Kinder sitzen im Kreis. → **Kofferpacken** *„Ich packe einen Pinsel ein, und du?“* Die Frage im Rhythmus sprechen, dazu auf die Oberschenkel patschen. Gemeinsam wiederholen, erst dann nennt das nächste Kind das, was es zum Malen mitnimmt.	Die Spielleiterin zeigt den Kindern einen **Brief**. In der Kreismitte liegt eine **Tasche**. Jedes Kind packt ein imaginäres Malutensil ein.
Um zu dem Haus der Malerin zu kommen, müssen wir durch diesen Tunnel kriechen. →	→ **Tunnelkriechen**	**Kriechtunnel**
(Spielleiterin 2): *Herzlich willkommen! Ich heiße Malena! Hier an dieser Wand waren einmal*	Spielleiterin 2 begrüßt die Kinder und zeigt auf mehrere leere Bilderrahmen.	Spielleiterin 2 trägt einen **Malerhut aus Papier** und einen **Malerkittel**.

DIE GESCHICHTE	SO WIRD'S GEMACHT	DAS WIRD GEBRAUCHT
wunderschöne Bilder. Jetzt sind die Bilderrahmen leer. Meine prächtigen Bilder sind einfach verschwunden. Könnt ihr euch vorstellen, wo die Bilder sind? Ich freue mich sehr, dass ihr neue Bilder für meine Bilderrahmen malen wollt. Doch bevor ihr anfangt, braucht ihr auch so einen Malerhut wie ich ihn habe. Den falten wir nun gemeinsam aus Zeitungspapier.→	**→ Malerhut falten (siehe unten)**	**leere Bilderrahmen** **Zeitungspapier**
Mit einem Malerhut auf dem Kopf kann man viel besser denken und malen. Also, gleich geht es los. Aber zuerst stellen wir uns noch ein Bild in unserer Fantasie vor: *→ „Fantasie und Fantadu schließe beide Augen zu! Stell dir vor, du schwimmst im Meer. Du tauchst und begegnest Fischen, Muscheln und Seesternen. Du siehst Algen, die wie Unterwasserbäume aussehen und sich leicht hin und her bewegen. Gut versteckt zwischen den Algen entdeckst du ein Seeungeheuer. Aber da kommt zum Glück eine große Welle und du schwimmst schnell wieder an den Strand zurück."*	**→ Fantadu-Meer** Die Kinder liegen mit geschlossenen Augen auf dem Bauch und werden von der Spielleiterin 2 dazu animiert, Schwimmbewegungen zu machen.	

DIE GESCHICHTE	SO WIRD'S GEMACHT	DAS WIRD GEBRAUCHT
Sucht euch jetzt einen Partner und malt zusammen euer Bild von der „Unterwasserwelt". → *Eure Pustebilder zeigen eine großartige Unterwasserwelt. Ihr habt euch echt angestrengt.*	→ **Unterwasserwelt (Pustetechnik)** Mit einem Pinsel oder einer Pipette werden zwei Farben dickflüssig auf das Blatt gekleckst und mithilfe eines Trinkhalms ineinander verpustet. Die fertigen Bilder werden zum Trocknen in das Trockengestell gelegt. 	**Malkittel für die Kinder, Trockengestell, Abdeckfolie, weißes Tonpapier DIN A4, Wasserfarben, Wasserbecher, dicke Pinsel oder Pipetten, Trinkhalme**
Nun schließen wir wieder unsere Augen, um uns in unserer Fantasie ein neues Bild vorzustellen: → *„Fantasie und Fantadu, schließe beide Augen zu! Stell dir vor, du stehst auf einer großen Wiese, auf der viele Blumen und Gräser blühen und allerhand Schmetterlinge, Käfer und andere Insekten zu sehen und zu hören sind. Sie krabbeln, flattern, springen, hüpfen, summen und brummen. Plötzlich taucht der Riesenrüsselkäfer auf. Alle Insekten versuchen, so schnell wie möglich zu entkommen. Sie verstecken sich im dichten Gras, kriechen in Erdlöcher oder fliegen fort."*	→ **Fantadu-Wiese** Die Kinder sitzen mit geschlossenen Augen auf dem Boden, machen Flugbewegungen, summen und brummen.	

DIE GESCHICHTE	SO WIRD'S GEMACHT	DAS WIRD GEBRAUCHT
Jeder von euch malt jetzt sein Bild von der „Schmetterlingswiese". →	**→ Schmetterlingswiese (Abklatsch-Technik)** Das Zeichenpapier in der Mitte falten und wieder öffnen. Auf die rechte Seite mit dem Pinsel eine Farbe kräftig auftragen, sodass sie vom Pinsel tropft, auf die linke Seite eine andere Farbe klecksen. Im feuchten Zustand das Blatt zusammenklappen, gut ausstreichen und wieder öffnen. Durch das „Zusammenklatschen" zweier Farben entsteht eine schmetterlingsähnliche Form in einer neuen Farbe. Nach dem Trocknen können mit Filzstiften Fühler, Beine oder weitere Details an den „Schmetterlingen" angebracht werden. 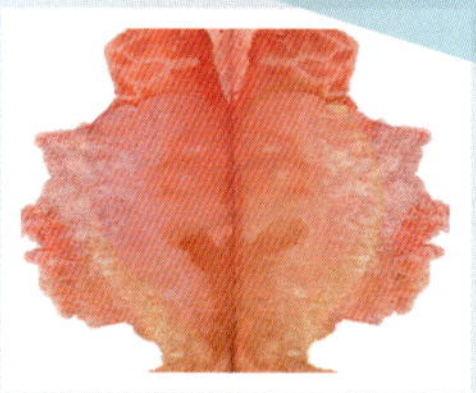	**Zeichenpapier DIN A4, wasserlösliche Farben, Wasserbecher, dicke Pinsel, Filzstifte**
Eure Schmetterlinge, Käfer und Insekten sind einmalig! Für heute müssen wir uns nun verabschieden. Morgen sind eure Bilder getrocknet, dann können wir sie gemeinsam in den Rahmen befestigen und aufhängen. Vielen Dank für eure Hilfe! →	**→ Tunnelkriechen** Die Kinder kriechen zurück durch den Tunnel und werden von der Spielleiterin 1 empfangen.	**Kriechtunnel**

MALERHUT FALTEN

<u>Das wird gebraucht:</u> pro Mitspieler eine Zeitungspapierseite (keine Doppelseite)

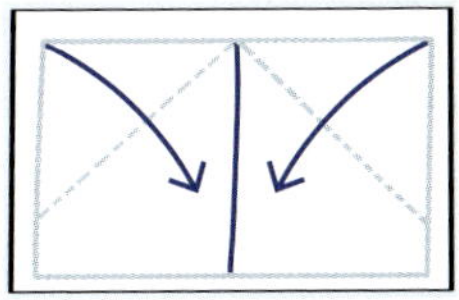

<u>So wird's gemacht:</u> Die Zeitungsseite einmal in der Höhe zu einer Doppelseite falten. Die Seite noch einmal zusammenklappen und wieder auseinanderfalten, damit eine Mittellinie entsteht, dann beide Ecken zur Mittellinie knicken.

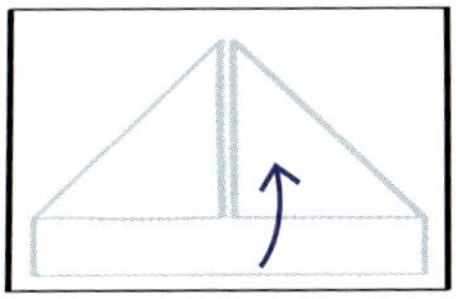

Die untere Lasche nach oben falten, den Hut wenden und die zweite Lasche auch nach oben falten.

Die hochstehenden Ecken nach hinten knicken, den Hut wenden und den Vorgang mit den restlichen Ecken wiederholen.

Alle Kanten noch einmal festdrücken oder die Ecken mit einem Klebestift fixieren.

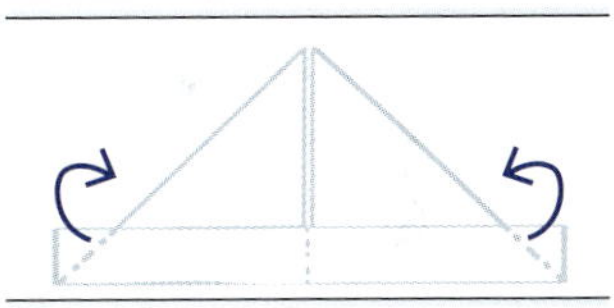

1

1.2 Auf der *Kunterbunt* zu den Inseln der vier Farben (Spielaktion)

WAS PASSIERT BEI EINER SPIELAKTION?

* *Eine Spielaktion ist eine Folge von Spielen und Aktivitäten in einem festgelegten Rahmen, der auf bestimmte Ziele oder Themen, einzelne Zielgruppen und begrenzte Aktionsfelder abgestimmt ist.*
* *Eine Spielaktion kann mit den Kindern und den pädagogischen Mitarbeitern durchgeführt werden, aber auch mit den Eltern, Großeltern und Nachbarn.*
* *Bei einer Spielaktion entscheiden die Mitspieler frei, wann und wo sie agieren möchten, oder sie gehen in Begleitung eines Erwachsenen in Kleingruppen von Station zu Station. Zusätzliche Stationen, an denen wartende, fertige oder momentan inaktive Kinder eine Pause einlegen können, sollten angeboten werden.*
* *Bei einer Spielaktion werden an jeder Spielstation eine Spielleitung und ein Spielhelfer als Begleiter benötigt, um einen möglichst störungsfreien und spannenden Ablauf zu gewährleisten.*
* *Die Spielzeit richtet sich nach der Anzahl, dem Alter und dem gewählten Thema, wobei die reine Spieldauer ca. 60 bis 90 Minuten betragen kann. Um Kitakinder nicht zu überfordern, ist für eine eintägige Spielaktion mit Pausen und eventueller Beköstigung eine Dauer von drei bis vier Stunden zu empfehlen.*
* *Eine Spielaktion kann in den Räumen der Kita, auf dem Außengelände oder an einem außerhalb liegenden Ort stattfinden. Die Spielfläche sollte allerdings ausreichend Platz bieten.*

„Auf der Kunterbunt zu den Inseln der vier Farben"

Wer macht mit: 1 Spielleiterin als Kapitänin, 4 Spielleiterinnen (SP) als Inselbewohnerinnen (1 SP pro Raum/Insel), ca. 60 Kinder ab 4/5 Jahre (10–12 Kinder pro Raum/Insel)

Wo: 4 farblich markierte Räume/Inseln, 1 Bewegungsraum

Wie lange: ca. 90 Minuten

Spiel-Einstieg

DIE GESCHICHTE	SO WIRD'S GEMACHT	DAS WIRD GEBRAUCHT
Spielleiterin (Kapitänin): *„Herzlich willkommen an Bord der Kunterbunt! Wir gehen heute gemeinsam auf eine abenteuerliche Reise zu den geheimnisvollen Inseln der vier Farben. Habt ihr alle eure Fahrkarten dabei?*	Die Kinder gehen im Bewegungsraum über die Gangway an Bord, erhalten dabei ihre Fahrkarte durch die Kapitänin (Spielleiterin) und setzen sich.	Als Gangway dient eine **Bank**, über die die Kinder an Bord gelangen. Aus **Stühlen, Bänken, Kästen** eine Schiffsform stellen, in deren Mitte **Sitzkissen** liegen. Jedes Kind bekommt einen **Farbpunkt** als Fahrkarte. 
Bevor es losgeht, singen wir unser Begrüßungslied in der Sprache der Inselbewohner: →	→ **Lied: Aramsamsam** *Aramsamsam, aramsamsam,* *gulli, gulli, gulli, gulli, gulli, ramsamsam.* *Arabi, arabi,* *gulli, gulli, gulli, gulli, gulli, ramsamsam.*	
Und schon geht's los! →	→ Die Kinder simulieren eine Schiffsfahrt, z. B. durch Schaukelbewegungen, nach rechts und links beugen, aufspringen, … Die Kapitänin schaut durch ihr Fernglas.	
Land in Sicht! Klar zum Ankern! *Leinen festmachen. Alle gehen an Land!"* →	→ Die Kinder, gehen entsprechend des Farbpunktes auf ihrer Fahrkarte, in den Raum mit ihrer Farbe.  	An den Türen der vier Aktionsräume befinden sich **farbige Schilder**, z. B.: **Rota, Gelbia, Grünia und Blaula**

Auf der Insel ROTA

DIE GESCHICHTE	SO WIRD'S GEMACHT	DAS WIRD GEBRAUCHT
„Herzlich willkommen auf der Feuerinsel Rota. Mein Name ist Rosi Rosenrot und ich esse gerne Erdbeerbrot. Wir wollen meinen rosaroten Namen einmal gemeinsam sprechen und klatschen. →	Die rote Spielleiterin, die farblich passend verkleidet ist, begrüßt die Inselbesucher. → **Begrüßung Ro-si-Rosen-rot** *Ro-si-Rosen-rot,* *warum isst du nur Erdbeerbrot?* *Ich esse gerne Erdbeerbrot,* *ich heiße Rosi Rosenrot.* Die Kinder sitzen im Kreis und klatschen oder schlagen den Rhythmus des Textes auf ihre Oberschenkel.	Die Raummitte ist freigeräumt. Das übrige Mobiliar ist mit **roten Tüchern** abgedeckt und wird durch rote **Spielgegenstände** ergänzt. **rote Verkleidung** der Spielleiterin
Jetzt wisst ihr wie ich heiße und was ich gerne esse. Hier auf der Insel Rota begrüßen sich die Bewohner nicht wie bei euch mit „Guten Tag", sondern bei uns heißt es „Roten Tag" und wir geben uns auch nicht die Hand. Wisst ihr, wie wir es machen? (einen Vorschlag der Kinder aufgreifen) *Begrüßt euch doch jetzt alle einmal auf diese Weise.* →	→ **Roten Tag** Die Kinder gehen im Raum umher und begrüßen sich auf die beschriebene Weise, z. B. Po an Po.	
Hier auf der Insel Rota sind alle Kinder und alle Erwachsenen rot. Aber nicht nur die Menschen sind rot, hier leben auch nur rote Tiere und hier wachsen nur rote Pflanzen. Es gibt nur rote Sachen, rotes Essen und rote		

DIE GESCHICHTE	SO WIRD'S GEMACHT	DAS WIRD GEBRAUCHT
Getränke. Wer weiß, was bei uns alles rot ist? →	→ **Rote Wörter rollen** Die Kinder sitzen im Kreis und rollen sich einen roten Ball zu. Das Kind, das den Ball bekommt, nennt etwas, was rot ist, z. B. Tomate, Feuerwehrauto, Blut.	**roter Ball**
Auf der Insel Rota gibt es einen geheimnisvollen roten Rosengarten, der aber sehr versteckt liegt. Wir wollen versuchen, ihn gemeinsam zu finden. Der Weg dorthin ist nicht ganz ungefährlich, denn er führt über die hohen roten Feuerberge. Aber wir sind ja mutig und stark. Zuerst müssen wir durch den dornigen Himbeerwald. Wie kommen wir da durch? (eine Antwort der Kinder aufgreifen) →	→ **Der dornige Himbeerwald** Die Kinder bewegen sich z. B. kriechend durch den Raum.	
Nun kommt der rote Fluss. Wie kommen wir auf die andere Seite? (eine Antwort der Kinder aufgreifen) →	→ **Der rote Fluss** Die Kinder machen z. B. Schwimmbewegungen durch den Raum.	
Da, die roten Feuerberge. Wie kommen wir darüber? (eine Antwort der Kinder aufgreifen) →	→ **Die roten Feuerberge** Die Kinder machen z. B. Kletterbewegungen auf der Stelle.	

DIE GESCHICHTE	SO WIRD'S GEMACHT	DAS WIRD GEBRAUCHT
Oh, ich kann durch mein Fernglas den geheimnisvollen Rosengarten sehen. Seht ihr ihn auch? Leider dürfen wir den roten Rosengarten nicht betreten. Wir können aber alle zusammen ein Bild von dem roten Rosengarten malen. →	→ **Rote Rosenbilder malen** Die Tapete wird ausgerollt und mit einer dünnen Abdeckfolie unterlegt. Die Kinder sitzen um die Tapete herum und malen mit den farbgefüllten Deorollern kreisförmige „Rosen“. Die Kugeln der leeren Deoroller wurden zuvor gelöst und mit Wasser verdünnter Fingerfarbe gefüllt. Durch den Rolleffekt fließt die Farbe auf das Papier, wodurch gerollte „Kugelrosen“ entstehen, die mitunter sogar noch etwas duften. Mit den Wachsmalstiften können die Kinder den „Rosengarten“ ergänzen und erweitern.	**Raufasertapete, dünne Abdeckfolie, Fingerfarbe in verschiedenen Rottönen, leere Deoroller, Wachsmalstifte**
Euer „Rosengartenbild“ ist wunderschön geworden und es duftet sogar!	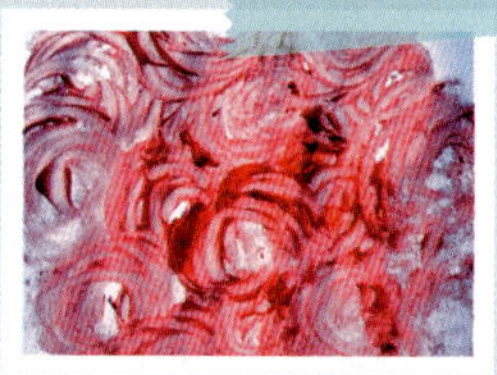	
Nun ist euer Besuch auf der Insel Rota beendet und ihr könnt wieder zurück zu eurem Schiff gehen. Nehmt das Bild mit und zeigt es den anderen. *„Roten Tag!“ →*	→ **Roten Tag** Die Kinder verabschieden sich auf die bereits beschriebene Weise. Sie kehren auf das Schiff zurück und treffen dort auf die drei anderen Gruppen. Die Kapitänin nimmt die entstandenen Bilder entgegen.	

DIE GESCHICHTE	SO WIRD'S GEMACHT	DAS WIRD GEBRAUCHT
	Bevor die Gruppen von Bord gehen, wird noch einmal das Lied der Inselbewohner gesungen: **Lied: Aramsamsam**	

Auf der Insel GELBIA

DIE GESCHICHTE	SO WIRD'S GEMACHT	DAS WIRD GEBRAUCHT
„Herzlich willkommen auf der sonnigen Insel Gelbia. Mein Name ist Susi Sonnengelb und ich wohne im Sonnenblumenfeld. Wir wollen meinen sonnigen Namen einmal gemeinsam sprechen und klatschen. → *Jetzt wisst ihr wie ich heiße und wo ich wohne. Hier auf der Insel Gelbia begrüßen sich die Bewohner nicht wie bei euch mit „Guten Tag“, sondern bei uns heißt es „GelbenTag“ und wir geben uns auch nicht die Hand. Wisst ihr, wie wir es machen?* (einen Vorschlag	Die gelbe Spielleiterin, die farblich passend gekleidet ist, begrüßt die Inselbesucher. → **Begrüßung Su-si Sonnen-gelb** *Su-si Sonnen-gelb, wohnst du im Sonnen-blumen-feld?* *Ich wohn' im Sonnen-blumen-feld,* *ich heiße Su-si Sonnen-gelb.* Die Kinder sitzen im Kreis und klatschen oder schlagen den Rhythmus des Textes auf ihre Oberschenkel.	Die Raummitte ist freigeräumt. Das übrige Mobiliar ist mit **gelben Tüchern** abgedeckt und wird durch **gelbe Spielgegenstände** ergänzt. **gelbe Verkleidung** der Spielleiterin

DIE GESCHICHTE	SO WIRD'S GEMACHT	DAS WIRD GEBRAUCHT
der Kinder aufgreifen) *Begrüßt euch doch jetzt alle einmal auf diese Weise.* →	→ **Gelben Tag** Die Kinder gehen im Raum umher und begrüßen sich auf die beschriebene Weise, z. B. Schulter an Schulter.	
Hier auf der Insel Gelbia sind alle Kinder und alle Erwachsenen gelb. Aber nicht nur die Menschen sind gelb, hier leben auch nur gelbe Tiere und hier wachsen nur gelbe Pflanzen. Es gibt nur gelbe Sachen, gelbes Essen und gelbe Getränke. Wer weiß, was bei uns alles gelb ist? →	→ **Gelbe Wörter rollen** Die Kinder sitzen im Kreis und rollen sich einen gelben Ball zu. Das Kind, das den Ball bekommt, nennt etwas, was gelb ist, z. B. Banane, Sand, Sonne.	**gelber Ball**
Auf der Insel Gelbia gibt es eine große Wüste, in der sehr seltene gelbe Tiere leben. Wir wollen versuchen, sie zu gemeinsam zu finden. Der Weg dorthin ist nicht ganz ungefährlich, denn er führt durch den gefährlichen Honig-Sumpf. Aber wir sind ja mutig und stark.		
Zuerst müssen wir durch den stacheligen Sanddornwald. Wie kommen wir dadurch? (eine Antwort der Kinder aufgreifen) →	→ **Der stachelige Sanddornwald** Die Kinder bewegen sich z. B. kriechend durch den Raum.	
Nun kommt der gelbeFluss. Wie kommen wir auf die andere Seite? (eine Antwort der Kinder aufgreifen) →	→ **Der gelbe Fluss** Die Kinder machen z. B. Schwimmbewegungen durch den Raum.	

DIE GESCHICHTE	SO WIRD'S GEMACHT	DAS WIRD GEBRAUCHT
Da, der gefährliche Honig-Sumpf. Wie kommen wir da durch? (eine Antwort der Kinder aufgreifen) →	→ **Der gefährliche Honig-Sumpf** Die Kinder bewegen sich z. B. hüpfend durch den Raum.	
Oh, ich kann durch mein Fernglas die große Wüste und auch einige der seltenen, gelben Tiere sehen. Seht ihr sie auch? Es ist besser, wir gehen nicht näher heran, denn vielleicht sind sie gefährlich. Ihr könnt aber jeder ein Bild von den seltenen gelben Tieren in den Wüstensand malen. →	→ **Gelbe Tiere in den Sand malen** Auf einen mit Weißleim bestrichenen schwarzen Fotokarton wird Vogel- oder anderer Feinsand aufgestreut. Mit dem Ende eines hölzernen Pinselstiels werden „Tiere" in den Sand gemalt, die sich durch den schwarzen Untergrund hervorheben.	**schwarzer Fotokarton DIN A3, Weißleim, Vogelsand, Pinsel**
Eure „gelben Wüstentiere" sehen sehr interessant aus!	Ist der Leim getrocknet, klebt der Sand auf dem Untergrund. Überschüssiger Sand wird entfernt und weiterverwendet.	
Nun ist euer Besuch auf der Insel Gelbia beendet und ihr könnt wieder zurück zu eurem Schiff gehen. Nehmt		

DIE GESCHICHTE	SO WIRD'S GEMACHT	DAS WIRD GEBRAUCHT
eure Bilder mit und zeigt sie den anderen. *„Gelben Tag!“ →*	**→ Gelben Tag** Die Kinder verabschieden sich auf die bereits beschriebene Weise. Sie kehren auf das Schiff zurück und treffen dort auf die drei anderen Gruppen. Die Kapitänin nimmt die entstandenen Bilder entgegen. Bevor die Gruppen von Bord gehen, wird noch einmal das Lied der Inselbewohner gesungen: **Lied: Aramsamsam**	
Herzlich willkommen auf der Urwaldinsel Grünia. Mein Name ist Sigrun Rasengrün und ich esse gerne Suppengrün. Wir wollen meinen grasgrünen Namen einmal gemeinsam sprechen und klatschen. → *„Jetzt wisst ihr, wie ich heiße und was ich gerne esse. Hier auf der Insel Grünia begrüßen sich die Bewohner nicht wie bei euch mit „Guten Tag“, sondern bei uns heißt es*	Die grüne Spielleiterin, die farblich passend gekleidet ist, begrüßt die Inselbesucher. **→ Begrüßung Si-grun Rasen-grün** *Si-grun Rasen-grün, warum isst du nur Suppengrün?* *Ich esse gerne Suppengrün,* *ich heiße Si-grun Rasengrün.* Die Kinder sitzen im Kreis und klatschen oder schlagen den Rhythmus des Textes auf ihre Oberschenkel.	Die Raummitte ist freigeräumt. Das übrige Mobiliar ist mit **grünen Tüchern** abgedeckt und wird durch **grüne Spielgegenstände** ergänzt. **grüne Verkleidung** der Spielleiterin

Auf der Insel GRÜNIA

DIE GESCHICHTE	SO WIRD'S GEMACHT	DAS WIRD GEBRAUCHT
„Grünen Tag" und wir geben uns auch nicht die Hand. Wisst ihr, wie wir es machen? (einen Vorschlag der Kinder aufgreifen) *Begrüßt euch doch jetzt alle einmal auf diese Weise.* →	→ **Grünen Tag** Die Kinder gehen im Raum umher und begrüßen sich auf die beschriebene Weise, z. B. indem sie sich voreinander verbeugen.	
Hier auf der Insel Grünia sind alle Kinder und alle Erwachsenen grün. Aber nicht nur die Menschen sind grün, hier leben auch nur grüne Tiere und hier wachsen nur grüne Pflanzen. Es gibt nur grüne Sachen, grünes Essen und grüne Getränke. Wer weiß, was bei uns alles grün ist? →	→ **Grüne Wörter rollen** Die Kinder sitzen im Kreis und rollen sich einen grünen Ball zu. Das Kind, das den Ball bekommt, nennt etwas, was grün ist, z. B. Gras, Spinat, Frosch.	**grüner Ball**
Auf der Insel Grünia sollen sich verzauberte grüne Tiere versteckt halten. Aber niemand weiß genau, wo. Wir wollen versuchen, sie gemeinsam zu finden. Der Weg dorthin ist nicht ganz ungefährlich, denn er führt durch den gefährlichen grünen Urwald. Aber wir sind ja mutig und stark. Zuerst müssen wir durch die dornige grüne Schlucht. Wie kommen wir da durch? (eine Antwort der Kinder aufgreifen) →	→ **Die dornige grüne Schlucht** Die Kinder bewegen sich z. B. kriechend durch den Raum.	
Nun kommt der grüne Fluss. Wie kommen wir auf		

DIE GESCHICHTE	SO WIRD'S GEMACHT	DAS WIRD GEBRAUCHT
die andere Seite? (eine Antwort der Kinder aufgreifen) →	→ **Der grüne Fluss** Die Kinder machen z. B. Schwimmbewegungen durch den Raum.	
Da, der gefährliche grüne Urwald. Wie kommen wir da durch? (eine Antwort der Kinder aufgreifen) →	→ **Der grüne Urwald** Die Kinder machen z. B. schlagende Bewegungen nach rechts und links.	
Oh, ich kann durch mein Fernglas ein verzaubertes grünes Tier sehen. Seht ihr es auch? Aber schon ist es wieder verschwunden. Damit die anderen euch glauben, dass ihr das verzauberte grüne Tier gesehen habt, versucht es zu malen, bevor ihr vergesst, wie es aussieht. →	→ **Grüne Zaubertiere drucken** Jedes Kind trägt mit einem breiten Pinsel hellgrüne Fingerfarbe auf seinem DIN-A3-Blatt als Untergrund auf. Während die Farbe trocknet, schneiden die Kinder aus dünnem Karton oder Tonpapier Zaubertiere aus, Mit einem in dunkelgrüner Farbe getauchten Pinsel, bestreichen die Kinder die untere Seite ihrer ausgeschnittenen Zaubertiere und drucken sie mehrmals auf das Blatt.	**DIN-A3-Blätter, breite Pinsel, grüne Finger- und Wasserfarbe, Zeichenkarton, Schere**
Eure grünen Zaubertiere sind zauberhaft geworden!		
Nun ist euer Besuch auf der Insel Grünia beendet und ihr könnt wieder zurück zu eurem Schiff gehen. Nehmt eure Bilder mit und zeigt sie den anderen. „Grünen Tag!“ →		

DIE GESCHICHTE	SO WIRD'S GEMACHT	DAS WIRD GEBRAUCHT
	 → **Grünen Tag** Die Kinder verabschieden sich auf die bereits beschriebene Weise. Sie kehren auf das Schiff zurück und treffen dort auf die drei anderen Gruppen. Die Kapitänin nimmt die entstandenen Bilder entgegen. Bevor die Gruppen von Bord gehen, wird noch einmal das Lied der Inselbewohner gesungen: **Lied: Aramsamsam**	

Auf der Insel BLAULA

DIE GESCHICHTE	SO WIRD'S GEMACHT	DAS WIRD GEBRAUCHT
„Herzlich willkommen auf der himmelblauen Insel Blaula. Mein Name ist Bella Himmelblau und ich bin die kleine Meerjungfrau. Wir wollen meinen himmelblauen Namen einmal	Die blaue Spielleiterin, die farblich passend gekleidet ist, begrüßt die Inselbesucher.	Die Raummitte ist freigeräumt. Das übrige Mobiliar ist mit **blauen Tüchern** abgedeckt und wird durch **blaue Gegenstände** ergänzt.

Auf der Insel BLAULA

DIE GESCHICHTE	SO WIRD'S GEMACHT	DAS WIRD GEBRAUCHT
gemeinsam sprechen und klatschen. →	→ **Begrüßung Bel-la Himmel-blau** *Bel-la Himmel-blau,* *bist du die kleine Meer-jung-frau?* *Ich bin die kleine Meer-jung-frau.* *Ich heiße Bel-la Himmel-blau.* Die Kinder sitzen im Kreis und klatschen oder schlagen den Rhythmus des Textes auf ihre Oberschenkel.	**blaue Verkleidung** der Spielleiterin
Jetzt wisst ihr, wie ich heiße und wer ich bin. Hier auf der Insel Blaula begrüßen sich die Bewohner nicht wie bei euch mit „Guten Tag“, sondern bei uns heißt es „Blauen Tag“ und wir geben uns auch nicht die Hand. Wisst ihr, wie wir es machen? (einen Vorschlag der Kinder aufgreifen) *Begrüßt euch doch jetzt alle einmal auf diese Weise.* →	→ **Blauen Tag** Die Kinder gehen im Raum umher und begrüßen sich auf die beschriebene Weise, z. B. indem sie eine Hand auf die Schulter des anderen legen.	
Hier auf der Insel Blaula sind alle Kinder und alle Erwachsenen blau. Aber nicht nur die Menschen sind blau, hier leben auch nur blaue Tiere und hier wachsen nur blaue Pflanzen. Es gibt nur blaue Sachen, blaues Essen und blaue Getränke. Wer weiß, was bei uns alles blau ist? → *Auf der Insel Blaula soll eine ganz seltene blaue Blume wachsen, die nur*	→ **Blaue Wörter rollen** Die Kinder sitzen im Kreis und rollen sich einen blauen Ball zu. Das Kind, das den Ball bekommt,	**blauer Ball**

DIE GESCHICHTE	SO WIRD'S GEMACHT	DAS WIRD GEBRAUCHT
einmal blüht. Wir wollen versuchen, sie gemeinsam zu finden. Der Weg dorthin ist nicht ganz ungefährlich, denn er führt durch die schmale blaue Höhle. Aber wir sind ja mutig und stark. Zuerst müssen wir über die blauen Berge. Wie kommen wir da rüber? (eine Antwort der Kinder aufgreifen) →	nennt etwas, was blau ist, z. B. Himmel, Pflaumen, Wellensittich.	
	→ **Die blauen Berge** Die Kinder machen z. B. Kletterbewegungen auf der Stelle.	
Nun kommt der blaue Fluss. Wie kommen wir auf die andere Seite? (eine Antwort der Kinder aufgreifen) →	→ **Der blaue Fluss** Die Kinder machen z. B. Schwimmbewegungen durch den Raum.	
Da, die schmale blaue Höhle. Wie kommen wir da durch? (eine Antwort der Kinder aufgreifen) →	→ **Die blaue Höhle** Die Kinder bewegen sich z. B. kriechend durch den Raum.	
Oh, ich kann durch mein Fernglas eine blaue Blume sehen, die gerade blüht. Seht ihr sie auch? Damit die anderen euch glauben, dass ihr sie gesehen habt, versucht sie zu malen, bevor sie verblüht ist. →	→ **Blaues Blumenbild malen** Für die Zuckerkreide wird vor der Aktion blaue Tafelkreide in eine warme Zuckerlösung getaucht. Nach ca. 30 Minuten haben sich die Kreidestücke voll Wasser gesogen. Mit dieser nassen Kreide bringen die Kinder einen blauen Malgrund auf dem Tonpapier auf. Nach kurzer Trocknungszeit malen sie	**blaues Tonpapier DIN A3, pro Kind eine blaue Straßen- oder Tafelkreide, einige Becher mit je 3 EL Zucker und warmem Wasser, schwarze Ölkreide**

DIE GESCHICHTE	SO WIRD'S GEMACHT	DAS WIRD GEBRAUCHT
	mit schwarzer Ölkreide Blumen nach ihrer Vorstellung hinein.	
Eure blauen Blumenbilder sind fantastisch geworden!		
Nun ist euer Besuch auf der Insel Blaula beendet und ihr könnt wieder zurück zu eurem Schiff gehen. Nehmt eure Bilder mit und zeigt sie den anderen. „Blauen Tag!“ →	→ **Blauen Tag** Die Kinder verabschieden sich auf die bereits beschriebene Weise. Sie kehren auf das Schiff zurück und treffen dort auf die drei anderen Gruppen. Die Kapitänin nimmt die entstandenen Bilder entgegen. Bevor die Gruppen von Bord gehen, wird noch einmal das Lied der Inselbewohner gesungen: **Lied: Aramsamsam**	

Abschluss der Spielaktion – Ausstellung der „Inselbilder“

Wer macht mit: 1 Spielleiterin als Kapitän, 1 Spielleiterin pro „Insel“ bzw. Spielstation (insgesamt 4), bis zu ca. 60 Mitspieler ab 4/5 Jahre, Eltern der Mitwirkenden

Wo: in vier Gruppenräumen und einem Bewegungsraum

Wie lange: ca. 90 Minuten

SO WIRD'S GEMACHT

Spielleiterin (Kapitänin):
„Herzlich willkommen zur großen Ausstellung der „Inselbilder"!
In den vergangenen Tagen sind wir mit der Kunterbunt *zu den Inseln der vier Farben gesegelt.*
Auf jeder Insel haben wir Abenteuer erlebt und ungewöhnliche Tiere und Blumen entdeckt.
Von diesen Tieren und Blumen hat die Schiffsmannschaft Bilder gemalt, die wir heute allen zeigen wollen.
In jedem der vier Gruppenräume befindet sich eine „Farbinsel", die ihr alle nacheinander besuchen könnt: die Feuerinsel ROTA, die sonnige Insel GELBIA, die Urwaldinsel GRÜNIA und die himmelblaue Insel BLAULA.
Auf jeder Insel werdet ihr von einer Inselbewohnerin begrüßt, die euch die ausgestellten Bilder erklärt und euch zu einer Kostprobe typischer Inselspeisen einlädt.

Viel Spaß und herzlich willkommen auf den Inseln der vier Farben!

DAS WIRD GEBRAUCHT

Die Spielleiterinnen der jeweiligen „Farbinseln" sind entsprechend verkleidet.
Jeder Raum ist einer der vier Farben zugeordnet.
Die Raummitte ist jeweils freigeräumt und das übrige Mobiliar mit **Tüchern, Decken** und **Kissen** in den entsprechenden Farben gestaltet.

Passende Spielgegenstände ergänzen die farbliche Ausstattung, z. B. **Bauklötze, Legosteine, Autos, Kugeln, Bälle** etc.
An den Wänden sind die entstandenen **Bilder** der Kinder angebracht.
Auf jeder „Farbinsel" werden **saisonale Snacks bzw. Getränke** in den jeweiligen Farben angeboten, z. B.:
Rot: Tomaten, Radieschen, Erdbeeren, Kirschen, Himbeersaft
Gelb: Bananen, Honigmelone, Mais, Zitronenlimonade
Grün: Gurken, Paprika, Äpfel, Waldmeistergötterspeise
Blau: Pflaumen, Blaubeeren, Weintrauben, Brombeeren

1

1.3 Mit Kindern Figurentheater spielen (Figurenspiel)

WAS PASSIERT BEIM FIGURENSPIEL?

* *Das Figurenspiel gehört zu den darstellenden Rollenspielen. In der sozialpädagogischen Arbeit mit Kindern ist das Figurenspiel ein ideales Medium für freie und spontane Mitteilungen.*
* *Das Figurenspiel, bei dem das Kind Zuschauer ist, ist genauso wichtig wie das aktive Spiel mit der selbstgebauten Figur. Durch die individuelle Gestaltung einer Figur findet bereits eine erste Identifikation mit ihr und mit der Rolle statt. Professionell gestaltete Figuren sind stets überzeichnete Typen, die durch die Darstellung polarisierter menschlicher Eigenschaften (z. B. dumm – klug/ängstlich – mutig/lustig – traurig) besonders von jüngeren Kindern eindeutig identifiziert werden können.*
* *Im szenischen Figurenspiel kann der einzelne Spieler seine Gefühle zum Ausdruck bringen und in eine Rolle schlüpfen, die er im wirklichen Leben nicht einnehmen kann. So kann das Figurenspiel auch eine therapeutische Wirkung haben. Der Schutz der Bühne oder die Figur selbst hilft insbesondere sprachgehemmten Kindern, ihre Angst zu überwinden. Zugleich können mehrere Mitwirkende im gemeinsamen Handeln zusammengeführt werden.*
* *Das Figurenspiel soll in der sozialpädagogischen Arbeit mit Kindern vor allem den Spaß am Spielen vermitteln, ohne auf die erhoffte Wirkung bei einer Aufführung vor Publikum zu schauen. Die sozialpädagogische Fachkraft muss sich von vorgegebenen Theaterstücken oder Szenen und engen Rollenvorstellungen lösen, damit der Fantasie im Spiel freien Lauf gelassen werden kann.*

* *Das Figurenspiel bietet Kindern durch die Verbindung von Sprache, Musik, bildnerischer Gestaltung und Bewegung vielfältige Möglichkeiten der kreativen Auseinandersetzung – ob mit zweckentfremdeten*

Alltagsgegenständen, Naturmaterialien oder als Fingerpuppe, einfache Marionette oder Stabfigur.

* *Das Figurenspiel soll Kinder in ihrer gesamten Persönlichkeit fördern, z. B. Spielfreude wecken, Fantasie und Kreativität anregen, die Ausdrucksfähigkeit erweitern und die Gemeinschaft stärken.*

Herstellung und Gestaltung von unterschiedlichen Figuren

Fingertheater aus der Streichholzschachtel

Das wird gebraucht:
eine leere Streichholzschachtel, Filzstifte, Wachsmaler, Tonpapierreste, Klebstoff, Schere

So wird's gemacht:
Von der Schachtelhülse 1-2 cm abschneiden. Eine schmale Seite der „Schublade" wegschneiden, sodass ein oder zwei Finger durch die Hülle geschoben werden können. Die Streichholzschachtel wie ein Häuschen gestalten. Auf den Zeigefinger einer Hand mit Filzstiften ein Gesicht malen.
Die geöffnete Streichholzschachtel auf den Zeigefinger mit dem Gesicht stecken und dazu einen passenden Vers sprechen.

Da geht ein Mann die Treppe rauf.
Klopft an!
Bimbam!
„Guten Tag, Frau Fingermann!"

In dem Walde steht ein Haus,
schaut ein Zwerg zum Fenster raus.
Kommt ein Wichtel angerannt,
klopfet an die Wand:
„Hilf mir, hilf mir, hilf mir doch,
sonst kriegt mich der Riese noch!"
„Armer Wichtel, komm herein,
Platz ist auch für zwei!"

Handschuhpuppe

Das wird gebraucht:

Ein großes Stofftaschentuch oder Stoffreste, eine Butterbrottüte aus Papier oder ein Fingerhandschuh aus Baumwolle, Wollreste, Pfeifenputzer, eine Styropor- oder Holzkugel (Ø 4 cm) mit Lochbohrung oder eine Streichholzschachtelhülse, Filzstifte, Wachsmaler

So wird's gemacht:

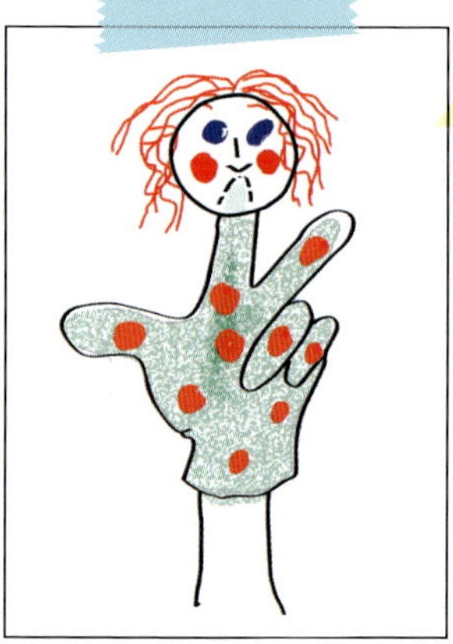

Sieh dir mal den/die Knulli an,
was der/die Knulli alles kann.
Freundlich mit dem Kopfe nicken,
hüpfen, rennen, klatschen, kicken.
Er/Sie kann lachen, er/sie kann singen,
er/sie kann wackeln, er/sie kann springen.
Müde geht er/sie dann zur Ruh',
fall'n ihm/ihr schnell die Augen zu.

Den Stoff für das Kleid in Form eines Quadrates (ca. 22 x 22 cm) zuschneiden oder ein großes Stofftaschentuch verwenden. Aus der Kugel einen Kopf mit Gesicht, Frisur und evtl. einer Kopfbedeckung gestalten.

Die Stoffmitte auf den ausgestreckten Zeigefinger legen, Klebstoff auf den Stoff auftragen, den Finger mit dem Kleid in die Bohrung der Kugel stecken, sodass der Stoff in dem Kopf kleben bleibt.

Auch farbig gestaltete Baumwollhandschuhe können als Kleid der Puppe dienen, sodass lediglich der Zeigefinger in den Puppenkopf gesteckt werden muss und die Puppe sofort fertig gekleidet ist und agieren kann.

... oder so:

Der Kopf der Fingerpuppe ist eine Streichholzschachtelhülse, mit Papier beklebt und mit einem aufgemalten Gesicht. Als Kleid dient eine bemalte Butterbrottüte aus Papier. Der Zeigefinger wird durch ein Loch in der Tüte gesteckt, der Kopf oben aufgesetzt und mit einem passenden Fingerreim präsentiert.

Fingerpuppe aus Gips

Das wird gebraucht:

eine große Gipsbinde, Fettcreme für den Finger des Modells, eine Tischunterlage, Malkittel, Schere, Wasserschale, Handtücher, Wasser- oder Fingerfarben, Pinsel, Becher, Tonpapierreste, Wolle, Federn, Klebstoff

So wird's gemacht:

Vor der Arbeit den Tisch gut abdecken. Von der Gipsbinde ca. 10 cm lange Stücke abschneiden, bis die Gipsbinde aufgebraucht ist. Einen Finger dick mit Fettcreme einschmieren. Dann die Schnipsel nach und nach durch das Wasser in der Schale ziehen und lagenweise über den Cremefinger legen. Dies wird so lange wiederholt, bis eine dicke Schicht rund um den Finger entstanden ist. Ist die Gipsbinde trocken (nach ca. 20–30 Minuten), kann die Gipsform abgenommen und gestaltet werden.

Die Gipsfiguren auf beide Zeigefinger stecken und zum Fingerreim bewegen.

Tipp

Wichtig: Während des Trockenvorgangs den Finger immer gerade halten und nicht anwinkeln.

Gipsreste im Mülleimer entsorgen. Auf keinen Fall im Waschbecken wegspülen, da sie sonst den Wasserabfluss verstopfen können.

Der Herr von Gips, ein stolzer Mann,
schaut die Gipsine freudig an.
Sie tanzen hin, sie tanzen her,
nach vorn, nach hinten, fällt nicht schwer.
Sie drehen sich im Kreise.
Nun schaut mal zu und seid ganz leise.
Zum Schluss umarmen sie sich sacht.
Und wünschen: „Eine gute Nacht!"

1

Sockenpuppe

Das wird gebraucht:

alte Socken, Wollreste, Pappe, Wackelaugen, Filz, starker Klebstoff

So wird's gemacht:

Ein Stück Pappe so schneiden, dass es ein langgezogenes Oval ergibt und in den Fuß der Socke passt. Die Pappe in die Socke stecken. Dabei die Pappe so knicken, dass ein längeres Stück in die Fußspitze kommt und ein kürzeres Stück in die Ferse. Indem die Pappe am Knick zusammengedrückt und losgelassen wird, lässt sich der Mund der Puppe bewegen. Dann erst die Pappe mit etwas Klebstoff in der Socke befestigen. Nun die Sockenpuppe von außen mit Augen, Ohren, einer Zunge, Nasenlöchern und Haaren aus Moosgummi, Filz, Wolle, Bast, Knöpfen, Stoffresten und Ähnlichem gestalten.

Tipp

Bei jüngeren Kindern kann das Einlegen einer Pappe als Mundöffnung auch wegfallen, sodass die Kinder ihre Hand direkt in die Strumpfspitze stecken.

Ich bin ein Hund,
heiß' Kunterbunt
und will dich gerne locken.
Der Lukas, der mich fand,
nimmt mich auf seine Hand.
Mein Fell, das ist ein Socken.

Handpuppe aus Pappmaché

Das wird gebraucht:

Tonkarton, Pappmaché-Modelliermasse (s. Rezept), Zeitungspapier, Kleister, Makulaturpapier oder dünnes weißes Auskleidepapier

So wird's gemacht:

Aus Tonkarton wird eine fingerdicke Rolle gewickelt und mit Klebeband zusammengeklebt. Sie dient später als Führungshalter der Handpuppe. Um diese Rolle wird nun die Pappmaché-Modelliermasse aufgebracht und zu einem beliebigen Kopf geknetet.

Für den Hals wird aus Zeitungspapier eine Rolle geformt. Mit gerissenen Kleisterpapierstreifen Kopf und Halswulst verbinden. Um mögliche Unebenheiten auszugleichen, werden als letzte Schicht klein gerissene weiße Makulaturpapierstücke möglichst glatt mit Kleister aufgestrichen.

Die geformten Köpfe müssen langsam trocknen (ca. eine Woche), damit sie nicht reißen. Anschließend werden sie nach Belieben bemalt, mit Kopf- und Halsschmuck versehen und später evtl. lackiert.

REZEPT: PAPPMACHÉ-MODELLIERMASSE (ERFORDERT DIE HILFE EINES ERWACHSENEN)

Das wird gebraucht:

Zeitungspapier, Papierstreifen aus dem Aktenvernichter oder Eierkartons, Eimer oder Topf, Wasser, Tapetenkleisterpulver, Handmixer, Plastiktüte oder Kunststoffgefäß

So wird's gemacht:

Zeitungspapier, lange Papierstreifen oder Eierkartons in möglichst kleine Stücke zerreißen. Die Papierschnipsel in einem Eimer einige Stunden in heißem Wasser einweichen (ca. 1,5 l Wasser pro 10 Doppelseiten Zeitungspapier). Das Papier löst sich dabei auf und die Fasern werden frei. Gegebenenfalls Wasser nachgießen. Die Masse mit dem Handmixer zerkleinern, das überflüssige Wasser abgießen, die Papiermasse etwas abkühlen lassen und dann mit den Händen ausdrücken. Nun etwas Kleisterpulver hinzugeben.

Da ein formbarer Brei entstehen soll, darf nicht zu viel Kleister hinzugegeben werden, da die Masse sonst verklebt. Den Brei sehr gut durchkneten. Um ein Austrocknen zu vermeiden, das fertige Pappmaché in eine Plastiktüte oder Kunststoffdose füllen. Immer nur die Menge entnehmen, die gerade benötigt wird.

Im Kühlschrank lässt sich das Pappmaché bis zu vier Wochen aufbewahren. Allerdings sollte auf Schimmelbildung geachtet werden.

Flachfigur aus Papier

Das wird gebraucht:

Zeichenkarton oder Pappe, Holzstäbe (Schaschlikspieße) oder Trinkhalme, Schere, Klebeband, Klebstoff, Farbstifte, Wolle, Pfeifenputzer, Stoff- oder Papierreste

So wird's gemacht:

Eine beliebige Figur auf Pappe aufzeichnen, ausschneiden, bemalen und mit Papier, Wolle oder Stoff „ankleiden“. Auf der Rückseite der Figur einen Führungsstab mit Klebeband befestigen.

Tipp

Die Flachfigur hat keine eigene Bewegungsmöglichkeit. Sie wird nur am Stab geführt. Zur Spielerweiterung bietet sich die Gestaltung der Rückseite an (z. B. mit einer gegensätzlichen Mimik), sodass man die Figur zusätzlich von hinten sehen kann.

Papprollenfigur

Das wird gebraucht:
Papprollen von Haushalts- oder WC-Papier oder Geschenkpapier, Styroporkugel im gleichen Durchmesser wie die Papprolle, Wolle, Stoff- oder bunte Papierreste, Klebstoff, Filzstifte, Holzstäbe

So wird's gemacht:
Die Rolle bildet den Rumpf. Für den Kopf eine Styroporkugel auf die Öffnung der Rolle kleben. Wollfäden als Haare und Stoffreste als Kleidung ankleben. Das Gesicht mit einem Filzstift aufmalen.

Tipp
Papprollenpuppen eignen sich einerseits zum Aufbau einer statischen Spielszene, z. B. werden die Figuren in einen Karton mit einer aus Sand und Naturmaterialien gestalteten Landschaft gestellt. Für ein szenisches Spiel wird ein Holzstab durch die Rolle in den Kopf gesteckt, um die Figur beweglicher zu machen.

Hexentreppen-Marionette

Das wird gebraucht:
Tonpapierstreifen in zwei verschiedenen Farben, Papierreste, Garn, leere Toilettenpapierrolle, Pfeifenputzer, Schere, Bunt- oder Filzstifte, Federn, dicke Stopfnadel, Klebstoff

So wird's gemacht:
Zwei möglichst gleich lange Papierstreifen werden im rechten Winkel aufeinandergelegt und die Enden zusammengeklebt. Jetzt wird immer der untere Papierstreifen über den anderen Streifen gefaltet. Zwischendurch etwas festdrücken. Sind die Streifen fast aufgebraucht, werden sie miteinander verklebt bzw. neue Streifen angeklebt. Wenn die Hexentreppe die gewünschte Länge hat, etwas auseinanderziehen.

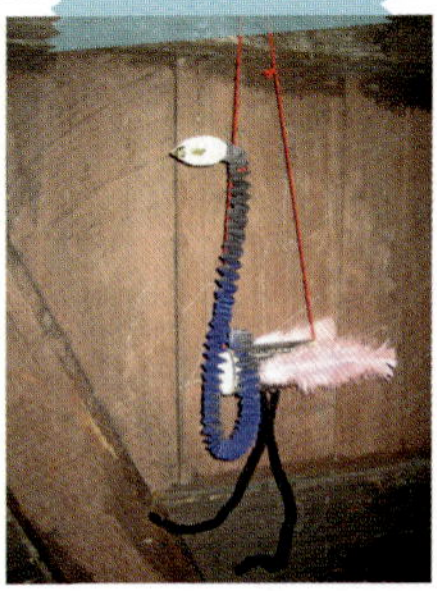

1

Hexentreppen können bei Marionetten als Hals oder Gliedmaßen an einen Körper aus Toilettenpapierrollen geklebt werden.
Beim Gestalten sind der Fantasie keine Grenzen gesetzt, es können alle möglichen Materialien wie Pfeifenputzer, Federn, Wolle verwendet werden.
Um die Hexentreppen-Marionette als Spielfigur einzusetzen, wird ein Band an Kopf und Armen bzw. Körper befestigt und evtl. mit einem Ast verbunden.

Ich bin die Zauberermarionette
und habe viele Hexentreppen.
Ich sitz in meinem Hexenhaus
Und hol mein Zauberbuch heraus.
Hokuspokus dreimal winken,
das mach ich schnell mit meiner Linken.
Hokuspokus dreimal fechten,
das mach ich schnell mit meiner Rechten.
Hokuspokus 1, 2, 3, zauber ich
die/den Luise/Luis herbei.

Dosen-Marionette

Das wird gebraucht:

ein Stock, eine große und eine kleine Konservendose, einige Flaschendrehverschlüsse, Kronkorken oder leere Teelichterhülsen, Trinkhalme, Bindfaden, Papier, Permanentstifte, Wolle, Krepppapier, Pfeifenputzer, Klebstoff, Schere, Nagelbohrer

So wird's gemacht:

Mit Hilfestellung eines Erwachsenen in alle Flaschenverschlüsse mit dem Nagelbohrer ein kleines Loch stechen. In die große Dose jeweils unten und seitlich zwei Löcher gegenüber stechen, ebenfalls am Dosenboden in die Mitte ein Loch stechen, sowie in den Boden der kleineren Dose.

Auf die kleinere Dose mit Permanentstiften ein Gesicht aufmalen. Wolle oder Pfeifenputzer als Haare auf den Dosenboden kleben. Für die Beine und Arme: Den Bindfaden verknoten, einen Flaschenverschluss oder eine leere Teelichthülse und einen Trinkhalm auffädeln. Das Fadenende durch die seitlichen Löcher in der Dose ziehen und nochmals einen Trinkhalm und einen Flaschenverschluss bzw. eine leere Teelichthülse auffädeln und verknoten. Darauf achten, dass der Dosenboden oben ist. Die Arme genauso herstellen. Dann ein längeres Stück Band durch den Boden der großen Dose ziehen und einen Knoten setzen, die kleinere Dose aufziehen und das Ende des Fadens in der Mitte des Stockes festknoten. Zum Schluss evtl. noch einen Umhang aus Krepppapier anfertigen.

„Plasteline"-Marionette

Das wird gebraucht:

ein Stock, eine große Plastikflasche (z. B. für Waschmittel), vier kleine Plastikflaschen mit Verschlüssen, eine Plastiktüte, Bindfaden, Nagelbohrer, Permanentstifte, Schere

So wird's gemacht:

Mit Hilfestellung eines Erwachsenen in alle Flaschenverschlüsse mit dem Nagelbohrer ein kleines Loch stechen. In die große Plastikflasche jeweils unten und seitlich zwei Löcher gegenüber stechen. Durch die Löcher in den Flaschenverschlüssen Bindfäden ziehen, um Arme und Beine am Körper zu verbinden und mit Knoten fixieren. Zur Führung der „Plasteline" einen Bindfaden durch den Verschluss der großen Plastikflasche fädeln und am Stock festknoten.
Mit Permanentstiften und ausgeschnittenen Teilen einer Plastiktüte die Figur gestalten und zum Leben erwecken.

Marionette am Kleiderbügel

Das wird gebraucht:

Stoffrest oder große, quadratische Zellstoffserviette, Watte, Baumwollgarn, schwarzer Stift, ein Kleider- oder Drahtbügel (aus der Reinigung), Schere, Wolle, Klebstoff

So wird's gemacht:

Eine Kugel aus Watte formen, die Mitte des Stoffs auf die Kugel legen und den Stoff direkt darunter mit einem Faden abbinden. Auf die abgebundene Kugel ein Gesicht zeichnen, mit Wolle evtl. eine Frisur aufkleben und einen Faden am Kopf befestigen. An den vier Stoffenden werden ebenfalls Fäden befestigt, sodass die Marionette schweben kann.

Aus dem Kleiderbügel entsteht das Spielkreuz. Alle fünf Fäden werden am Kleiderbügel befestigt: den Kopf-Faden am Haken in der Mitte anbinden, die Fäden von zwei Stoffenden an der linken Seite des Kleiderbügels und die anderen beiden Fäden an der rechten Seite des Kleiderbügels anknoten (Hilfestellung durch den Erwachsenen).

Am Kleiderbügel können Gespenster umherflattern, bunte Fantasievögel fliegen oder kleine Tänzerinnen schweben.

Ein Gespenst fliegt um das Haus.
Bitte geht heut nicht hinaus.
Es will euch jetzt erschrecken.
Ihr müsst euch schnell verstecken.

Herstellung und Gestaltung von Bühnen für das Figurentheater

Theater aus dem Schuhkarton

Das wird gebraucht:
ein großer Schuhkarton ohne Deckel, Styroporstreifen, Fingerfarbe, Pinsel, Bleistift, Schere, Cutter, Klebstoff

So wird's gemacht:
In den Boden des Schuhkartons wird mit Unterstützung eines Erwachsenen mit dem Cutter eine „Bühnenöffnung" geschnitten, sodass seitlich, oben und unten ein Rand von ca. 3–5 cm stehen bleibt. Den Rahmen mit Fingerfarbe beliebig bemalen.

An die untere, innere Längsseite des Schuhkartons wird ein Styroporstreifen geklebt (ca. 2 cm breit), in den später beim Theaterspiel die Flachfiguren (Herstellung s. S. 36) hineingesteckt werden können.

Bauchladentheater

Das wird gebraucht:
ein flacher Pappkarton, Zeichenkarton, Tonpapier, Fingerfarbe, Filzstifte, Schere, Cutter, Klebstoff, Schnur

So wird's gemacht:
Beide gegenüberliegenden Seiten des Pappkartons mit dem Cutter (mit Unterstützung eines Erwachsenen) entfernen, sodass der Spieler den Karton gut vor dem Körper als Bauchladentheater tragen kann. An die Rückseite des Kartons einen Streifen aus Zeichenkarton kleben, in den später Kulissenteile oder Spielfiguren hineingesteckt werden können.
Die Vorderseite des Pappkartons beliebig bemalen und/oder bekleben. Eine Halteschnur an den Seitenwänden links und rechts befestigen, die so lang ist, dass die Schnur um den Hals des Spielers gelegt werden kann.
Das Bauchladentheater ist die Bühne für Flachfiguren aus Papier (Herstellung s. S. 36).

Guckkasten-Bühne

Das wird gebraucht:
ein Schuhkarton mit Deckel, eine leere Toilettenpapierrolle, Schere, Cutter, Klebstoff, Naturmaterialien, Illustrierte, gekaufte oder selbstgemachte Spielfiguren aus Pappe, Wasserfarben, Pinsel, Filzstifte

So wird's gemacht:
Jedes Kind gestaltet im Inneren eines Schuhkartons eine kleine Fantasiewelt. In die schmale Vorderseite mit dem Cutter (mit Unterstützung eines Erwachsenen) zwei Gucklöcher im Durchmesser einer Toilettenrolle schneiden. Die Toilettenrolle halbieren und in die Gucklöcher kleben. In den Deckel und/oder in die Längsseiten ebenfalls mit dem Cutter Lichtschlitze schneiden.
Als Kulissen dienen Naturmaterialien, ausgeschnittene Bilder aus Illustrierten, bemalte Objekte, die hineingelegt, eingeklebt oder am Deckel aufgehängt werden.

... oder so:
Alternativ (oder zusätzlich) können selbst hergestellte Flachfiguren aus Pappe an einem Führungsstreifen seitlich hineingeschoben werden.

1.4 Zwei Mitmachgeschichten

WAS PASSIERT BEI EINER MITMACHGESCHICHTE?

* *Mitmachgeschichten sind eine besondere Art, Geschichten zu erzählen.*
* *Die Spielleitung erzählt eine kurze oder längere imaginäre Geschichte, an der die Kinder mitwirken können.*
* *Bei Mitmachgeschichten müssen die Kinder gut zuhören und aufpassen.*
* *Die Zuhörenden werden zum Mitmachen aufgefordert, um z. B. Geräusche nachzuahmen, Gesten pantomimisch auszuführen oder eine Spielaufgabe zu bewältigen.*
* *Mitmachgeschichten unterstützen die Sprachbildung und Sprachförderung, da das Erzählte durch Gesten und Bewegungen begleitet und verständlich gemacht wird. So nehmen die Kinder die Wörter bewusst wahr und setzen sie aktiv um.*
* *Mitmachgeschichten bereiten viel Spaß durch eine spielerischefantasievolle Umsetzung eines Geschehens in der Gemeinschaft.*
* *Mitmachgeschichten können beliebig wiederholt, aber auch je nach dem Interesse der Beteiligten erweitert oder verändert werden.*

Das wird gebraucht:

* eine Spielleitung, die die Aufgabe der Erzählerin übernimmt
* eine handlungsreiche Geschichte, bei der sich die Kinder beteiligen und mitmachen können
* eine ansprechende, thematisch passende Spielatmosphäre,
* ein Spielort, der verändert, umgestellt, ausgeräumt, dekoriert werden kann
* passendes Zubehör/Material, das zur Durchführung der Spielgeschichte erforderlich ist.

So wird's gemacht:

Die Erzählerin präsentiert sich zu Beginn und agiert während des Spielgeschehens, sie ....

* bringt sich deutlich ins Blickfeld, steigt z. B. auf einen Stuhl oder setzt sich auf den Boden,
* macht sich hörbar, z. B. durch eine laute oder flüsternde Stimme, Tamburin, Triangel o. Ä.,

1

* tritt überraschend in einer Verkleidung auf,
* führt mit einer Handspielpuppe einen Dialog,
* zeigt eigene Erzähllust durch Tonfall und Körperhaltung,
* erklärt Spiele genau, verständlich und selbstsicher,
* motiviert zum Mitspielen,
* hilft bei Spielhemmungen, indem sie sich z. B. als Spielpartnerin anbietet,
* gibt einen Spielimpuls, verstärkt positiv Spielversuche,
* erzählt und spricht die Geschichte in angemessen, spannendem Tonfall mit Pausen und in deutlicher Aussprache.

Wir besuchen Maler Klecks in seiner Künstlerwerkstatt – Mitmachgeschichte (1)

Das wird gebraucht:

die Geschichte, Spielideen, eine Erzählerin (gekleidet in einen Maleroverall), ca. 10 Kinder ab 5 Jahren, großer Raum, die Abbildung eines Ateliers, Schwungtuch, Schale mit Obst- und Gemüsestücken (z. B. Kiwi, Banane, Paprika, ...)

So wird's gemacht:

Die Teilnehmergruppe sitzt zunächst auf dem Boden. Die Erzählerin startet mit der Geschichte und fordert an den vorgesehenen Stellen zu den Spielen auf. Zum Abschluss essen die Teilnehmer die Obst- und Gemüsestücke.

Welche Gegenstände sind auf der Abbildung zu erkennen?
Wer braucht diese Materialien?
Wozu werden diese Dinge benötigt?

DIE GESCHICHTE	SO WIRD'S GEMACHT	DAS WIRD GEBRAUCHT
Bevor es losgeht, möchte ich euch ein Bild von dem Arbeitsplatz eines Malers zeigen.	**Bildbetrachtung** Fragen s. oben	**Bild** eines Ateliers (s. oben)
Wir besuchen heute Maler Klecks in seinem Atelier – er nennt es aber lieber Werkstatt. Zunächst zeigt er uns alle seine Farben: *das Rot,* *das Blau,* *das Weiß ,* *das Grün,* *das Pink* *und das Gelb.* *Ach ja, da ist auch noch das Schwarz.* *Wir begrüßen jede Farbe auf eine besondere Weise.*	**Farbengruß** Wie grüßen wir? Die Kinder überlegen sich zu jeder Farbe ein Synonym mit einer Begrüßungsgeste, z. B.: Rot – wie eine Tomate = mit einer Hand abklatschen Blau – wie der Himmel = sich anlächeln Weiß – wie Schnee = sich mit den Fußspitzen anstoßen Grün – wie Gras = sich mit dem Po anstoßen Pink – wie eine Rose = sich mit den Fingerspitzen antippen Gelb – wie eine Banane = sich mit abgespreiztem Ellbogen antippen Schwarz – wie die Nacht = sich mit gespreizten Fingerspitzen berühren	
Maler Klecks holt nun alle seine Pinsel und stellt sie in ein Glas: *den dicken Runden,* *den langen Dünnen,* *den kurzen Breiten,* *den weichen Schmalen,* *den kurzen Flachen* *und den feinen Kleinen.* *Ach ja, und die Bürste Kratz.*	**Pinselgruß = Fingerspiel** *Das ist der Pinsel kurz und dick,* *der ist zu breit,* *hat kein Geschick.* *Der zweite Pinsel,* *dünn und lang,* *den nehme ich gern von Anfang an.* *Dann kommt der schmale hier, der dritte,* *der malt so gerne in der Mitte.*	**1 Glas** **5 verschiedene Pinsel** **1 Bürste**

DIE GESCHICHTE	SO WIRD'S GEMACHT	DAS WIRD GEBRAUCHT
	Der vierte ist besonders weich und malt die Farben kinderleicht. Und dann der fünfte, zart und klein, malt meine Bilder extra fein. Da ist dann noch die Bürste Kratz, sie schrubbt zum Schluss den Arbeitsplatz. Pinsel und Bürste liegen in der Kreismitte. Die Kinder sprechen den Vers und stellen den jeweiligen Pinsel mit ihren Fingern dar, beginnend mit dem Daumen. Zum Schluss mit den Fingernägeln über die Handfläche kratzen.	
Nun beginnt Maler Klecks mit seiner Arbeit. Er holt eine große weiße Rolle, die sieht aus wie ein gerollter Teppich. Er legt sie auf den Boden und wickelt sie aus.	**Leinwand ausrollen** Die Kinder legen sich nebeneinander auf den Boden, sie rollen sich gemeinsam und gleichzeitig durch den Raum.	
Damit sie nicht wieder zurückrollt, bittet er uns, ihm zu helfen und die Leinwand festzuhalten.	**Sitzkreis** Die Kinder setzen sich und bilden einen Kreis.	
Wir dürfen jetzt Maler Klecks beim Malen des riesengroßen Bildes helfen und streichen das Rot mit dem langen dünnen Pinsel, Blau mit dem kurzen breiten Pinsel,	**Bunte Pinselbilder** Die Kinder wählen eine Farbe, bevor die Erzählerin den Text spricht. Wenn die erste Farbe genannt wird, geht das Kind in die Mitte und malt etwas mit dem Finger auf	

DIE GESCHICHTE	SO WIRD'S GEMACHT	DAS WIRD GEBRAUCHT
Weiß mit dem dicken runden Pinsel, Grün mit dem weichen schmalen Pinsel, Pink mit dem kurzen flachen Pinsel, Gelb mit dem feinen kleinen Pinsel und Schwarz mit der Bürste Kratz.	den Boden/in die Luft. Die anderen raten, was es ist. Dann folgt die nächste Farbe.	
Maler Klecks ist ganz zufrieden mit seinem Bild. Er rollt die Leinwand zusammen und stellt sie in die Ecke.	**Leinwand aufrollen** Die Kinder legen sich nebeneinander auf den Boden, einer rollt über den anderen hinweg, quer durch den Raum.	
Maler Klecks entdeckt eine weitere große Leinwand und hat eine Blitzidee. Schnell rollt er sie auf. Mit großen Armschwüngen malt er einen Regenbogen. Zufrieden betrachtet er auch sein zweites Bild.	**Regenbogen** Jedes Kind streckt seine Arme nach oben und wiegt sie hin und her.	
Da hat Maler Klecks eine weitere Blitzidee: Er möchte im Garten aus Lehm ganz viele Statuen bauen.	**Statuen** Die Kinder bilden Paare, ein Kind ist der „Lehm“ und das andere „formt“ ihn; danach Rollenwechsel.	
Plötzlich rumpelt es ganz laut, was ist das? Wir laufen schnell zurück in das Atelier.	**Laufen** Die Kinder laufen auf der Stelle.	
Die riesengroßen Bildrollen sind umgefallen und haben dabei alle Farbtöpfe umgekippt, außerdem purzeln alle Pinsel durcheinander.	**Drunter und Drüber** Die Kinder lassen sich auf den Boden fallen und rollen herum, kreuz und quer, drunter und drüber.	

DIE GESCHICHTE	SO WIRD'S GEMACHT	DAS WIRD GEBRAUCHT
Bevor Maler Klecks weiterarbeiten kann, muss er die Farben und die Pinsel sortieren. Wir helfen ihm dabei: *in das* Rot *den langen dünnen Pinsel,* *in das* Blau *den kurzen breiten Pinsel,* *ins* Weiß *den dicken runden Pinsel,* *ins* Grün *den weichen schmalen Pinsel,* *ins* Pink *den kurzen flachen Pinsel,* *ins* Gelb *den feinen kleinen Pinsel und* *ins* Schwarz *die borstige Bürste.*	**Verbeugen und Bewegen** Die Kinder, die ein Kleidungsstück in der genannten Farbe tragen, treten in die Mitte, zeigen eine Körperbewegung, verbeugen sich und treten wieder zurück.	
Jetzt wollen wir aber nach draußen. Denn hier hat Maler Klecks für uns viele bunte Luftballons versteckt. Wer einen gefunden hat, kann ihn aufpusten und mit ihm spielen. Wer nicht mehr spielen möchte, lässt die Luft raus und steckt den Ballon in seine Hosentasche.	**Luftballonspiele** Die Spieler spielen alleine oder gemeinsam mit imaginären Luftballons.	
Oje! Plötzlich zieht ein Unwetter auf, es wird ganz dunkel und stürmisch. Bevor das Unwetter schlimmer wird, gehen wir schnell zurück ins Atelier und ruhen uns aus.	**Wettermassage** Entspannungsspiel zu zweit: Wettermassage – es tröpfelt, es regnet, es hagelt, es donnert, es blitzt. Zu der Wetteransage mit den Händen die passenden Bewegungen auf dem Rücken eines Spielpartners ausführen. Rollenwechsel	

DIE GESCHICHTE	SO WIRD'S GEMACHT	DAS WIRD GEBRAUCHT
Maler Klecks zeigt uns nun sein fertiges Bild. Es ist ganz groß und so wunderschön geworden, weil wir alle darauf zu sehen sind.	**Standbildfoto** Alle Spieler bilden ein Standbild.	**Fotoapparat oder Handy**
Zum Abschluss lädt uns Maler Klecks nun zu einem leckeren Überraschungs-Imbiss ein. Er will uns verraten, wie Farben schmecken.	**Wie schmecken Farben** Mit geschlossenen Augen die vorbereiteten Obststücke und das Rohkostgemüse riechen und schmecken.	**Obst- und Gemüsestücke:** z. B. Kiwi, Banane, Paprika, ...

Die Königin der Farben – Mitmachgeschichte (2)

– (Jutta Bauer: Die Königin der Farben, Beltz & Gelberg, Weinheim, 1998 Spielidee: Autorinnen)

Das wird gebraucht: Ein Beutel mit transparenten Papierschnipseln in Blau, Gelb und Rot, die Geschichte „Die Königin der Farben“, eine Erzählerin, 6–8 Kinder ab 4 Jahre.

So wird's gemacht: Alle Beteiligten sitzen im Kreis, der geschlossene Beutel liegt in der Kreismitte. Die Erzählerin beginnt mit der Geschichte und macht gleichzeitig die Bewegungen vor bzw. mit.

DIE GESCHICHTE	SO WIRD'S GEMACHT
Eines Morgens trat Malwida, die Königin, vor ihr Schlosstor. Sie rief ihre Untertanen.	
„BLAU!“ Das Blau kam. Es war sanft und mild. Es begrüßte Malwida freundlich und erfüllte den Himmel, erfüllte die Königin und verschwand.	Die Kinder legen ihre Hände an den Mund und rufen gleichzeitig: „BLAU!“ Sie begrüßen sich sanft und freundlich, streicheln viele Arme und Rücken.
Dann rief Malwida das Rot. „RrrroooT!“ Es warf sie fast um. Doch sie befahl ihm ein Pferd zu sein und so durchritten sie das Königreich. Das Rot war wild und tat gefährliche Dinge. Malwida fühlte sich auch wild und gefährlich.	Die Kinder rufen eindringlich „RrroooT!“ und reiten und bewegen sich wild und gefährlich durch den Raum.
Irgendwann hatte sie genug und befahl dem Rot zu verschwinden. Es blieb ein bisschen Rosa, aber nicht lange,	

DIE GESCHICHTE	SO WIRD'S GEMACHT
denn dann kam das Gelb. „Bleib!" sagte sie, „du bist so schön warm und hell." Aber das Gelb war nicht nur warm und hell, sondern konnte auch zickig und gemein sein. Doch das konnte Malwida auch, und so kam es zum Streit.	Alle setzen sich auf den Boden, legen sich hin, räkeln sich gemütlich auf dem Boden. Wenn ein Kind ein anderes berührt, sagt es: „Lass mich in Ruhe!"
Das sanfte Blau wollte schlichten, aber es konnte sich nicht durchsetzen.	Die Kinder versuchen sich zu streicheln
Dann kam noch neugierig das Rot dazu,	und bewegen sich wild.
und alles wurde grau. Und grauer. Und grauer. Malwida war grau, das Schloss war grau, der Berg war grau, der Himmel war grau. „Hau ab!" sagte Malwida. Sie schimpfte, tobte, schrie! Das Grau ließ sich nichts befehlen, es blieb.	Die Kinder bewegen sich langsam, mit hängendem Kopf und schlackernden Armen durch den Raum, einige setzen sich sogar, schließlich sitzen oder liegen alle auf dem Boden.
So verging eine lange Zeit. Die Königin der Farben war keine Königin mehr. Sie war nicht mehr sanft, nicht mehr wild, nicht mehr warm, nur noch traurig. Da musste Malwida weinen.	
Erst ganz schwach und leise, dann immer stärker und lauter. Es quollen Mengen von Tränen hervor, und je mehr sie weinte, umso mehr verschwand das Grau.	Alle schluchzen, weinen laut, noch lauter.
Stattdessen waren überall ihre Tränen.	Die Erzählerin/der Erzähler geht herum und verstreut bunte transparente Papierschnipsel auf die Kinder.
Und da waren sie wieder: das sanfte Blau, das wilde Rot, das warme und manchmal gemeine Gelb.	
Sie spielten zusammen, bis sie müde wurden. Dann deckte das sanfte Blau alles zu.	Die Kinder spielen mit den Schnipseln, streicheln sich zum Abschied gegenseitig die Arme und den Rücken.

1

1.5 Der Wald als Kunstraum (*WaldArt*-Aktionen mit Kindern)

WAS PASSIERT BEI *WALDART*?

* *Bei* WaldArt *handelt es sich um schöpferisch-gestalterische Aktionen im Wald. Es entstehen kindgerechte Kunstwerke aus natürlichen Werkstoffen, die in den Kreislauf des Waldes eingebunden sind, ohne Abfall und fast ohne Kosten. Die Kinder entdecken ungewöhnlich gewachsene Bäume, finden im Unterholz mit Moos bewachsene Baumwurzeln und Äste. Sie fertigen Collagen, Malereien und Installationen dort, wo man sie normalerweise nicht vermutet. Sie verwenden Hilfsmittel, die sie zuvor selbst hergestellt haben (z. B. Kleister, Farben, Knete). Der Schaffensprozess steht im Vordergrund.*
* WaldArt *mit Kindern hat einen umweltverträglichen Ansatzpunkt. Die Kinder beschäftigen sich fast ausschließlich mit den Materialien, die sie im Wald finden. Bei ihren spielerisch-kreativen Aktivitäten und gründlichen Beobachtungen prägen sich Kinder den Wald, den Bach oder die Wiese genau ein. Beim Malen und Kritzeln auf untypischen Malgründen, z. B. auf Baumrinde, beim Bauen von Steinmännchen oder beim Anfertigen von Baumgesichtern haben sie Spaß an den künstlerisch-experimentellen Tätigkeiten und suchen nach alternativen Lösungen.*
* WaldArt *mit Kindern bedarf einer guten Vorbereitung seitens der pädagogischen Fachkräfte – im praktischen wie theoretischen Bereich. Unter Umständen ist es daher angebracht, kunstpädagogische und waldpädagogische Fachkräfte in die Unternehmungen mit einzubinden. Verschiedenste Formen der Nachbereitung und Präsentationen ermöglichen schließlich allen Beteiligten einen runden Abschluss der Aktion* „Der Wald als Kunstraum“.

Was ist das? Ein abgebrochener Ast oder eine Baumschlange?

Vorbereitung von *WaldArt*-Aktionen

Das wird gebraucht: Einverständnis der Eltern, wettergerechte Kleidung, ein kleiner „Waldi"-Rucksack mit Proviant und kleiner Isomatte für jedes Kind. Für die Erwachsenen den großen „Waldemar" Waldrucksack (s. S. 54).

So wird's gemacht: Bei allen Gruppenaufenthalten im Wald müssen ein paar Grundegeln beachtet werden, auch dann, wenn sie die kindliche Spiel-, Bewegungs- und Gestaltungsfreude einschränken. Die Regeln sollten schon vorab in der Kita geklärt werden. Größere Aktionen im Wald sollten immer in Absprache mit dem Förster bzw. der Försterin geplant werden.

ACHTSAMKEIT

Verhaltensregeln im Wald

- **Auf ein Zeichen hin versammeln wir uns alle.**
- **Keiner läuft weiter weg als bis zur ausgemachten Stelle.**
- **Es wird nichts abgepflückt und gegessen.**
- **Keiner reißt etwas aus der Erde oder vom Baum oder Strauch.**
- **Wir machen keinen unnötigen Lärm.**
- **Wir stören die Waldtiere nicht.**
- **Wir lassen keinen Abfall zurück.**

Was bedeutet eine sichtbare Zahl, ein Buchstabe oder ein Zeichen auf dem Stamm mancher Bäume?
a) Autobahnhinweis
b) Hausnummer des Baumes
c) Wanderweghinweis

Waldemar Waldrucksack

Das wird gebraucht:
Smartphone, Trinkwasser, Erste-Hilfe-Set, Picknickdecke, Bindfaden, Bast, Pflanzenschere, Messer, Gummiringe, Mehlkleister im Glas, Knete im Glas, Erdfarben in Gläsern, Lupe, leere Dosen oder Tüten für Sammelstücke, ...

So wird's gemacht:
Welche Materialien und Werkstoffe in den Rucksack kommen, ist abhängig vom Ziel, Anlass und von der Zeitdauer der Waldaktion. Beim Packen werden die schweren Dinge unten in den Rucksack gelegt, die leichten liegen oben auf. Die Materialien können auch auf mehrere Rucksäcke verteilt werden.

... oder so:
Damit die Rucksäcke von Erzieherinnen und Kindern im Wald bei den Tätigkeiten nicht stören, können sie unter einer Plane an gespannten Seilen aufgehängt werden.

Wanderstock

Das wird gebraucht:
Stöcke aus dem Wald, Finger- oder Erdfarben, Schleifpapier

So wird's gemacht
Zunächst den Stock reinigen und mit Schleifpapier unebene Stellen glattschleifen. Die Farben mit Pinseln auf den Stock beliebig auftragen.

... oder so
Statt Wanderstöcke können auch gesammelte Stöcke für Bilderrahmen, die Stockzelte oder das Stocktheater angemalt und verziert werden (siehe S. 62, 64).

MEHLKLEISTER-REZEPT

Das wird gebraucht:
1 Tasse Mehl, 1 Tasse Wasser, evtl. etwas Finger- oder andere Malfarbe

So wird's gemacht:
Das Mehl mit kaltem Wasser in einer Tasse glatt verrühren, bis eine zähe Masse entsteht. Die Farbe unterrühren und den Kleisterbrei in eine breite Schale geben.

KNETE-REZEPT

Das wird gebraucht:
1 Tasse Wasser, 2 EL Öl, 3 Tassen Mehl, evtl. Lebensmittelfarbe

So wird's gemacht:
Alle Zutaten mischen und gut durchkneten, bis der Teig geschmeidig ist. Dieser Teig ist bereits für einjährige Kinder geeignet. Wird die Knete in einem luftdichten Gefäß aufbewahrt, hält sie im Kühlschrank zwei bis drei Tage.

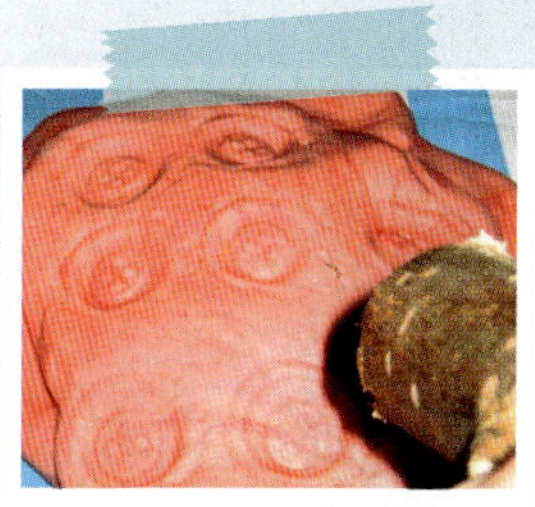

ERDFARBEN-REZEPT

Das wird gebraucht:
Erde, grobes und feines Sieb, Zeitungspapier, Wasser, evtl. Kleister, Schraubglas, dicker Pinsel

So wird's gemacht:
Im Wald, im Stadtpark, auf dem Feld oder im Baggerloch nach verschiedenfarbigen Erdsorten suchen. Die Erde zum Trocknen auf einer Zeitung ausbreiten und Blätter, Steine und Sonstiges entfernen. Die Erde zuerst durch ein grobes, dann durch ein feines Sieb sieben. Das Erdpulver in einem Schraubglas mit etwas Wasser anrühren oder mit Kleister zu Fingerfarbe vermischen. Die Erdfarben mit einem dicken Pinsel oder mit dem Finger auf steinige oder glasige Flächen auftragen.

WILDE PINSEL

Das wird gebraucht:
festes Malpapier oder Baumscheibe als Malgrund, Birkenreisig, Farnwedel, Federn, Kiefernzweige mit Nadeln, Äste, Rohrkolben, Bast, ...

So wird's gemacht:
Gebündelte Birkenästchen, Federn, Kiefernzweige oder Äste jeweils am Ende mit etwas Bast als Haltegriff zusammenbinden. Die wilden Pinsel befinden sich sortiert z. B. auf Schuhkarton-Tabletts. Auf den Malgrund einen dicken Klecks Farbe geben und nacheinander die „wilden Pinsel" ausprobieren.

Die Waldentdeckung – ein kreatives Geländespiel

Das wird gebraucht (pro Mitspieler):
einige große Nägel, Zeichenpapier, Wachsmalstift, Bast, eine Augenbinde. Für Aufgabe 5 nimmt die Spielleiterin ca. 15 kleine Gegenstände aus der Kita mit, die die Kinder vorher nicht sehen.

So wird's gemacht:
Absprache treffen mit dem örtlichen Forstamt, den Eltern und den Begleitpersonen bezüglich der Örtlichkeit, der Kindergruppe, der Zielsetzung und des Termins. Zeitdauer: ca. 90 Minuten (ohne Wegstrecke oder Picknick). Später, zurück in der Kita, werden die Fundstücke aus Aufgabe 9 zu einem Miniaturwald im Schuhkarton zusammengestellt und den anderen Kita-Kindern gezeigt.

10 AUFGABEN zur kreativen Waldentdeckung

1. Schaut euch gut um und sucht einen Stock, in den ihr mit einem Nagel ein Zeichen schnitzt. Spielt anschließend gemeinsam „Wald-Mikado" oder „Stöcke-Boule".
2. Nehmt ein Blatt Papier und einen Wachsmalstift. Jeder geht zu einem Baum und stellt eine „Rinden-Frottage" her (die Struktur der Rinde auf das darauf gelegte Blatt übertragen). Anschließend legt ihr alle Frottage-Blätter aus. Wer weiß, welche Rinden-Frottage zu welchem Baum gehört?
3. Wer wohnt im Wald? Stellt einen Waldbewohner pantomimisch oder mit Geräuschen dar. Die anderen müssen raten.
4. Stellt zu zweit aus Stöcken und Bast einen Bilderrahmen her. Hängt diesen an verschiedenen Plätzen im Wald auf. Welches Bild ist jeweils im Rahmen zu sehen?
5. Entlang eines Weges (ca. 20 Meter) sind 15 Gegenstände versteckt, die nicht zum Wald gehören. Wer hat sie gesehen? Wer kann sie benennen?

6. Legt euch auf den Rücken, schließt die Augen und haltet beide Fäuste hoch in die Luft. Sobald ihr ein Vogelzwitschern hört, streckt einen Finger aus. Könnt ihr den Vogelgesang wiederholen?
7. Führt einen Spielpartner mit verbundenen Augen umsichtig zu einem Baum. Er soll den Stamm und die Rinde fühlen, streicheln, riechen. Führt ihn anschließend zum Ausgangspunkt zurück. Ohne Augenbinde versucht er nun, den gestreichelten Baumstamm wiederzufinden. Rollenwechsel!
8. Legt gemeinsam aus den gesammelten Waldfrüchten, Steinen und kleinen Ästen ein „Wald-Mandala".
9. Sucht ein besonderes Erinnerungsstück an den Wald und nehmt es mit in die Kita.
10. Wir singen gemeinsam zum Abschluss Lieder, in denen der Wald vorkommt, z. B. „Ein Männlein/Weiblein steht im Walde".

Ein Männlein steht im Walde

Text: Heinrich Hoffmann von Fallersleben, Melodie: überliefert

2. Das Männlein steht im Walde auf einem Bein
Und hat auf seinem Haupt ein schwarz' Käp-pelein.
Sagt, wer mag das Männlein sein,
Das da steht im Wald allein
Mit dem kleinen schwarzen Käppelein?

Gesprochen:
Das Männlein dort auf einem Bein,*
Kann nur die Hagebutte sein!

(* Statt „Männlein" kann auch „Weiblein" gesungen werden.)

Das wird gebraucht:
roter Anorak (oder Umhang), schwarze Kappe

So wird's gemacht:
Ein Junge oder ein Mädchen steht mit roter Jacke und schwarzer Kappe bekleidet in der Kreismitte. Die anderen Kinder stehen im Kreis um das Kind herum und zeigen Ratlosigkeit. In der zweiten Strophe stehen alle auf einem Bein. Den letzten Vers sprechen alle gemeinsam und zeigen mit dem Finger auf das Kind in der Mitte. Die „Hagebutte" bestimmt das nächste Kind und übergibt die rote Jacke und die schwarze Kappe.

Baumgesichter

Das wird gebraucht:

Smartphone oder Fotoapparat, Stöckchen, Gras, Heu, Äste, Farn, Tannen-/Kiefernzweige, Zapfen, Moos, Blütenreste, Mehlkleister

So wird's gemacht:

Die Kinder gehen aufmerksam durch den Wald und achten besonders auf die Baumstämme. Manchmal entdecken sie mit etwas Glück ein Gesicht auf einem Baumstamm und nehmen dessen besondere Strukturen wahr. Vielleicht möchten sie eine markante Kontur mit einem Stöckchen besonders hervorheben. Zum Abschluss fotografieren die Kinder ihr Baumgesicht. Später in der Kita drucken die Kinder die Fotos aus. Für die Fotos fertigen sie Stock-Bilderrahmen an oder erstellen ein Bilderbuch.

... oder so:

Aus den gesammelten Wald-Materialien gestalten die Kinder ein Gesicht mit Augen, Nase und Mund. Mithilfe des Mehlkleisters kleben sie z. B. die Haare, Bart oder Ohren vorsichtig an das Baumstammgesicht.

... oder so:

Unter Verwendung von Knete werden Gesichtsteile wie Augen, Nase und Mund geformt und an die Baumstammrinde gedrückt.

- Was sieht man auf diesen zwei Abbildungen?
- Wie sind diese Gesichter vermutlich entstanden?
- Welche Geschichte könnten diese Gesichter erzählen?
- Suche und gestalte dein eigenes Baumstammgesicht.

Moosbühne

Das wird gebraucht:

ein Baumstumpf oder Baumscheiben als Gestaltungsgrundlage, Moos, kleine und große Äste, Tannenzweige, Farne, Steine, Eicheln, Zapfen, Federn, Laub, Mehlkleister

So wird's gemacht:

Die Fläche des Baumstumpfes als Grundlage für eine Bühne benutzen. Aus den gesammelten Dingen Figuren oder Requisiten herstellen und zu einer Szenerie auslegen oder aufstellen.

... oder so:

Unter Verwendung von Naturpinseln aus Reisig oder Tannenästen eine Figur oder Gegenstände auf die Baumstumpffläche malen. Auf einer eventuell vorgefundenen Baumstammbank können die Theaterzuschauer platznehmen.

Stock-Theater im Wald

Das wird gebraucht:

Baumstumpf, Astgabeln, Moos, verschiedene Zapfen von Lärche, Erle, Kiefer, Tanne oder, Fichte, Steinchen, Schraubverschluss einer Saft-Tüte, Mehlknete.

So wird's gemacht:

Aus den Astgabeln oder Zapfen werden unter Verwendung weiterer Materialien unterschiedlich große Figuren hergestellt. Ausgestattet mit einer Biografie, treten die Astgabelfiguren in einem Rollenspiel auf. Als Bühne dient z. B. ein Baumstumpf.

Kleiner Waldteich

Das wird gebraucht:

Baumstumpf, Moos, kleine und große Äste, Tannenzweige, Farne, Steine, Zapfen, Federn, Laub, Mehlkleister, evtl. Papier, blaue Fingerfarbe, Pinsel

So wird's gemacht:

Das Blatt Papier auf den Baumstumpf legen und mit blauer Fingerfarbe einen Teich darauf malen. Mit gesammelten Steinen, Laub, Rindenstückchen oder Ähnlichem die Umgebung des Teiches auslegen.

Baum-Objekte suchen

Das wird gebraucht:
Fotoapparat oder Smartphone, später PC und Drucker

So wird's gemacht:
Die Kinder suchen nach besonderen Baumstümpfen und fotografieren diese. Die Fotos später evtl. am PC bearbeiten und ausdrucken.

... oder so:
Die unbearbeiteten Fotos ausdrucken und mit bunten Figuren bemalen.

- Wie kommt die Bank in den Wald?
- Wie sieht sie aus?
- Wurde sie hierhergestellt oder ist sie hier gewachsen?
- Wer könnte hier schon gesessen haben?
- Wozu setzt man sich im Wald auf eine Bank?

Baumhöhlengeschichten

Das wird gebraucht:
Baumhöhle, kleine und große Äste, Steine, Tannenzweige, Farne, Eicheln, Zapfen, Federn, Laub, Knete, Smartphone

So wird's gemacht:
Die Kinder suchen eine Baumhöhle und entwickeln und erzählen unter Verwendung der gesammelten Waldschätze ein szenisches Spiel, z. B. „*Die Zapfenzwerge suchen ein Zuhause*“.

... oder so:
Das Spielgeschehen kann von anderen Kindern fotografiert oder gefilmt werden.

1

Minidrachen

Das wird gebraucht:
kleine und größere Astgabeln, Tannenzweige, Farne, Federn, Laub, Mehlkleister, Papierstreifen, Fingerfarbe, Pinsel, evtl. Wackelaugen

So wird's gemacht:
Die gesammelten Astgabeln bemalen, Drachenzähne aus Papier, Farn oder Tannennadeln mit Mehlkleister befestigen (das Trocknen dauert etwas) und abschließend die Augen anbringen.

Baumzelte

Das wird gebraucht:
Äste, Stöcke, Baumscheiben und Zweige aus dem Unterholz, Laub, Moos, Fingerfarben

So wird's gemacht:
Einen passenden Baum aussuchen und die gesammelten Äste, Stöcke und Zweige nacheinander mit der Spitze an den Baum lehnen und unten mit etwas Abstand zueinander in den Waldboden drücken. Dabei einen Eingang frei lassen. Den Boden abschließend mit Laub oder Moos bedecken.

Stock-Bilderrahmen

Das wird gebraucht:
vier gerade Stöcke in beliebiger Länge, Bindfaden oder lange Binsen- oder Strohhalme

So wird's gemacht:
Die Stöcke zu einem Rechteck legen, wobei die Enden etwas überstehen sollten. An den vier Kreuzungen die Stöcke mit dem Bindfaden nacheinander kreuz-

weise verschnüren, sodass ein stabiler Rahmen entsteht. Den Rahmen auf einen Untergrund im Wald legen und aus dem vorgefundenem Material (z. B. Blätter, Früchte, Steine) ein Bild oder Mosaik gestalten.

Waldmandala

Das wird gebraucht:

Laub, Kastanien, Eicheln, Bucheckern und die dazugehörigen Hülsen, Beeren, Laub, Zapfen, Steine, evtl. Mehlkleister, Baumscheibe

So wird's gemacht:

Mandalas sind geometrische Bilder, die einen Mittelpunkt in Kreisform umschließen. Ihre Formen erinnern an Sonnen, Blüten oder Spiralen. Die gesammelten Waldmaterialien stehen sortiert bereit und werden von der Mitte nach außen oder vom Außenkreis nach innen kreisförmig angelegt. Ein Waldmandala kann aus einer einzelnen Materialart bestehen oder aus ganz unterschiedlichen Materialien. Im Anschluss können Erinnerungsfotos angefertigt und später ausgestellt werden.

Steinturm

Das wird gebraucht:

Steine in unterschiedlichen Größen und Farben

So wird's gemacht:

Die gesammelten Steine zu einem stabilen Turm aufeinanderschichten, dabei unterschiedliche oder nur gleichförmige Steine verwenden. Derartige Steintürme, auch „Steinmännchen“ oder „Steinmandl“ genannt, dienen im Wald und insbesondere im Gebirge als Wegmarkierung.

Tarnkappe

Das wird gebraucht:
ein Bogen braunes Packpapier, Laubblätter, Moos, Farn, Ästchen, Mehlkleister

So wird's gemacht:
Das Packpapier einmal quer falten. Die beiden oberen Ecken nach unten klappen, bis sie sich in der Mitte treffen. Nun die beiden schmalen Streifen an der Unterseite vorne und hinten nach oben falten. Die Ecken umbiegen und festkleben. Zum Schluss die Unterseite des Hutes auseinanderziehen und Laubblätter, Farn, Moos und Ästchen auf den Hut kleben.

- Wie/Wo verbergen sich die Tiere im Wald?
- Wie kannst du dich im Wald tarnen?

Laub-Installation

Das wird gebraucht:
Laub, Smartphone

So wird's gemacht:
Die schönsten Laubblätter eines Laubbaumes aufsammeln, die Blätter an einem Baumstamm zentriert auslegen. Von dem Mittelpunkt ausgehend die restlichen Blätter in einer Reihe anordnen. Wenn es sehr stürmisch ist, die Blätter mit etwas Mehlkleister fixieren. Die Installation unbedingt als Erinnerungsfoto festhalten.

2 Kunst erleben

Von Eltern hört man häufig: „*Man müsste mal wieder ins Museum gehen und sich Kunst anschauen, aber mit den Kindern ist das immer so schwierig. Die langweilen sich schnell, werden unruhig, dann gerate ich auch in Hektik und hab keine Ruhe mehr zum genussvollen Betrachten der Kunstwerke. Und beim nächsten Mal haben dann alle keine Lust mehr auf einen Museumsbesuch.*“

Wenn man allerdings weiß, dass Kinder neugierig sind, ihre Umgebung mit allen Sinnen wahrnehmen und aktiv beteiligt sein wollen, und wenn man sich auf die subjektiv-kindliche Sehweise und Erlebniswelt einlässt beziehungsweise einstellt, dann kann der Besuch eines Museums und das Betrachten von Kunstwerken zu einem besonderen Erlebnis werden, das allen Beteiligten Freude bereitet. Die Bereitschaft der Kinder, die „Kunst“ zu verstehen, wächst durch angepasste Erlebnis-Spielangebote sowie durch das Ausprobieren kreativer Gestaltungstechniken.

2

2.1 Wir besuchen einen Künstler oder eine Künstlerin – Ausflug

WAS PASSIERT BEI SO EINEM AUSFLUG?

* *Erwachsene (Erzieher/Elternteil) begleiten die Kindergruppe zu einem Zielort außerhalb der Kita. Die Anzahl der Begleitpersonen ist dabei abhängig von der Anzahl und dem Alter der Kinder.*
* *Die Aufsichtspflicht muss gewährleistet sein und die Eltern der beteiligten Kinder geben eine schriftliche Einverständniserklärung.*
* *Wegbeschreibung, Treffpunkt und Zeitdauer werden vor Beginn des Ausflugs festgelegt.*
* *Fragen zu Fahrtkosten, Proviant o. Ä. müssen ebenfalls vorab geklärt werden.*
* *Der Ausflug und der Besuch werden zur Erinnerung dokumentiert, z. B. mit Fotos oder einem Video.*

Vorbereitung des Besuchs

Das wird gebraucht:
ca. 4–6 Kinder (5–6 Jahre), zwei Begleitpersonen, Einladung und Anschrift der Künstlerin, Wegebeschreibung, Einverständniserklärung der Eltern, Smartphone

So wird's gemacht:

* Nachdem bekannt ist, wo in der Nähe eine bildende Künstlerin lebt und/oder arbeitet, erfolgt durch die Erwachsenen die Kontaktaufnahme mit Absprache eines Besuchstermin. Die Planung des Besuches erfolgt unter Einbeziehung der beteiligten Kinder, z. B. so:
  - *Mit Unterstützung eines Erwachsenen eine Wegbeschreibung anfertigen.*
  - *Der Künstler/die Künstlerin gibt eine gestalterische Anregung, die die Kinder gleich vor Ort umsetzen können.*
  - *Die Begleitpersonen dokumentieren den Besuch, z. B. mit Foto- oder Videoaufnahmen.*
* Die Besuchergruppe bereitet sich vor und trifft gemeinsame Vorbereitungen
  - *Was für eine Person ist die Künstlerin/der Künstler?*
  - *Wo befindet sich das Kunstatelier/die Kunstwerkstatt?*

- *Welche Kunstwerke stellt die Künstlerin her?*
- *Was möchte ich von der Künstlerin wissen? Welche Frage stelle ich?*
- *Wie stellen wir uns vor? (z. B.: Ich heiße Anna und male gerne mit Wasserfarbe. Ich heiße …)*
- *Über welches Gastgeschenk könnte sich die Künstlerin freuen? Zum Beispiel über Wilde Pinsel (s. S. 56) und Erdfarben (s. S. 55) sowie eine gestaltete Leinwand, auf der jedes Kind seine Mal-Spur hinterlassen hat.*

Verlauf des Besuchs im Kunstatelier

Das wird gebraucht:

Zeitplanung, Namensschilder der Besucher, Gastgeschenk, Begrüßungsspiel, Smartphone

So wird's gemacht:

- gegenseitige Vorstellungrunde
- Übergabe des Gastgeschenks
- Erkundung des Ateliers (Raum, Material) – mit Fragerunde
- Vorstellen einiger Kunstwerke – mit Fragerunde
- Ausprobieren einer Gestaltungstechnik, die von der Künstlerin vorbereitet wurde
- Abschlussrunde mit dem Vorzeigen der eigenen Kunstwerke
- Dank an die Künstlerin, verbunden mit einer Einladung in die Kita
- Verabschiedung/Heimweg

2

Erinnerungs-Bilderrolle

Das wird gebraucht:

zwei lange Papprollen (oder Besenstiele), Tapetenrolle, gemalte Bilder der Kinder, Fotos, Papier- oder Stoffreste, Filz-/Malstifte, Klebstoff, stark haftendes Klebeband

So wird's gemacht ...

Zurück in der Kita gestalten die Kinder eigene Bilder zum Atelierbesuch, z. B. „Die Malerin und ihr Atelier"/„Selbstporträt als Maler". Diese Bilder und evtl. erstellte Fotos von dem Atelierbesuch werden sortiert und von den Kindern auf einer ausgerollten Tapetenrolle befestigt. Mit Papierresten, Filzmalern oder anderen Farbstiften schmücken sie die Tapetenrolle und die Umgebung ihrer Bilder.

Abschließend werden mit Unterstützung eines Erwachsenen die Seitenenden der Tapetenrolle jeweils an einer Papprolle (oder einem Besenstiel) mit stark haftenden Klebestreifen befestigt und sorgfältig aufgerollt. Die Erinnerungs-Bilderrolle kann zum Schluss in der Kita ausgestellt werden.

... oder so:

Die Erinnerungs-Bilderrolle wird in der restlichen Kitagruppe oder bei einem Großelternnachmittag präsentiert: Ein Kind hält eine Rollenseite fest, während ein anderes Kind die zweite Rolle langsam und vorsichtig aufwickelt. Währenddessen erzählen und erläutern die übrigen beteiligten Kinder die Bilder auf der Rolle.

2.2 Mit Kindern Kunstwerke betrachten

WAS PASSIERT BEI DER BETRACHTUNG VON KUNSTWERKEN?

* *Neugierig und unvoreingenommen entdecken und erforschen Kinder Gemälde oder Skulpturen von bekannten Künstlern. Sie können sich insbesondere auf solche Kunstwerke ganz einlassen, die ihr Interesse wecken, kindliche Erlebniswelten zeigen, Gefühle oder Erinnerungen auslösen oder ungewöhnliche Zusammenhänge darstellen.*
* *Bei der ersten Begegnung mit Kunst können Kunstwerke für Kinder ein „Türöffner“ sein.*
* *Die Kinder finden kleine, für den erwachsenen Betrachter unbedeutende Dinge, zu denen sie eine besondere Beziehung haben oder die sie an etwas erinnern. Die Kinder lassen die Bilder oder Skulpturen lebendig werden und erzählen Erlebnisse und Geschichten zu den Kunstwerken.*
* *Manchmal stellen die Kinder Fragen zum biografischen Hintergrund des Künstlers oder der Künstlerin. Hier sollte der Erwachsene kurze Informationen liefern können bzw. gemeinsam mit den Kindern mögliche Antworten recherchieren.*
* *Die Kinder mutmaßen, wie es zu der dargestellten Situation gekommen sein könnte oder wie es weitergehen könnte*
* *Die Kinder stellen während des gemeinsamen Betrachtens des Kunstwerkes Fragen und beschreiben, was sie sehen. Dabei bleibt der Erwachsene im Dialog mit dem Kind und wertet dessen Aussagen und Antworten nicht, sondern formuliert weiterführende, kindgerechte Fragen.*

* *Die Kinder erschließen sich die Welt durch Beobachtungen. Sie zeigen Empathie bei der Betrachtung von Kunstwerken und bringen sie mit eigenen gestalterischen Erfahrungen zusammen. Die oft einfallsreichen Schlussfolgerungen regen andere Kinder an und lassen sie produktiv werden.*

* *Kinder erinnern sich an erlebte Situationen, sie vergleichen die Kunstwerke mit bereits gesehenen Bildern oder mit erlebten Situationen und stellen Verbindungen her.*
* *Oft äußern sich Kinder spontan zu dem Kunstwerk, das sie gerade anschauen. Manchmal sind aber Impulse des Erwachsenen hilfreich, um in einen Dialog zu kommen, auch mit den weiteren Kindern der Gruppe.*
* *Zum Abschluss einer Kunstbetrachtung sollten Kinder die Möglichkeit haben, selber aktiv zu werden, z. B. selbst ein Bild mit den vorbereiteten Malgeräten und Malgründen herzustellen.*

Der Sommer (1573), des italienischen Malers Guiseppe Arcimboldo

„Toll! Was ist das denn? Der hat ja ein essbares Gesicht."

Dialogische Bildbetrachtung

Das wird gebraucht:
Das Kunstbild *Der Sommer* von Guiseppe Arcimboldo

So wird's gemacht:
Impulsfragen:

* Wie heißen die vier Jahreszeiten? Welche Monate gehören zum Sommer?
* Welche Jahreszeit hat Arcimboldo auf diesem Bild gemalt? (*Sommer* = Bildtitel)
* Was zeigt das Bild? (*menschlicher Kopf*) In welche Richtung blickt das Gesicht? (*nach rechts*)
* Handelt es sich um einen (Sommer-)Mann oder eine (Sommer-)Frau?
* Wie hat der Maler das Gesicht des Sommers gemalt? Woraus besteht es? (*Sommerobst, Sommergemüse*)

* Welche Obst- und Gemüsesorten erkennst du? Wie viele zählst du? Was sollen sie auf dem Bild darstellen?
* Woraus besteht der Ohrschmuck? (*Knoblauch*)
* Was trägt der Sommer auf dem Kopf? (Zweige mit Kirschen, Pflaumen, Birnen, Brombeeren)
* Woraus besteht der Rahmen des Bildes? (*Blätter- und Blütenranken*)
* Was trägt der Sommer als Kleidung? (*Hemd aus Getreide mit Stehkragen*)
* Woraus besteht die Halskrause des Hemdes? (*Kornähren*)
* Womit ist die Brust des Sommers geschmückt? (*Artischocke*)
* Erkennst du die Zahlen auf seiner Schulter? (*1573, Entstehungsjahr des Gemäldes*)
* Erkennst du die Buchstaben auf der Halskrause? (*Giuseppe Arcimboldo*)
* Wirkt das Sommergesicht glücklich oder traurig? Und warum?
* Was gefällt dir an dem Bild? Was gefällt dir nicht?
* Wie würdest du den Sommer malen oder womit würdest du ihn gestalten?

Obst-Gemüse-Gesichter

Das wird gebraucht:

Tonpapier als Bildunterlage, Prospektkataloge, Scheren, Klebestift, Buntstifte

So wird's gemacht:

Abbildungen aus Prospekten ausschneiden, die sich als Nase, Ohren, Mund, Augen usw. eignen. Die Teile auf dem Tonpapier zu Gesichtern auflegen und festkleben.

Buchstabenfresser

Das wird gebraucht:

20 Pappkarten (5 x 5 cm), Farbstifte, Schere

So wird's gemacht:

Die zehn Buchstaben des Namens ARCIMBOLDO jeweils auf Kartenpaare übertragen und farbig gestalten. Die 20 Buchstabenkarten verdeckt auflegen. Nacheinander deckt jeder Spieler zwei Karten auf, wie beim Memory©-Spiel. Wer zum Schluss die meisten Buchstabenpaare hat, ist der Buchstabenfresser.

Würfelgesichter

Das wird gebraucht:

verschiedene Obst- oder Gemüsesorten, ein Tablett pro Kind, ein Punktewürfel

So wird's gemacht:

Jedes Kind bekommt ein Tablett, das Obst und Gemüse liegt ausgebreitet auf dem Tisch. Den Würfelseiten wird je ein Gesichtsteil zugeordnet, z. B.:

1 Punkt = Nase
2 Punkte = Mund
3 Punkte = Haare
4 Punkte = Augen
5 Punkte = Ohren
6 Punkte = freie Wahl

Es wird nacheinander gewürfelt. Das gewürfelte Gesichtsteil wird aus dem Obst und Gemüse frei ausgewählt und auf dem Tablett zusammengestellt. Wer hat das lustigste Würfelgesicht?

... oder so:

Nach Beendigung des Spiels kann das Obst bzw. Gemüse als Salat oder Suppe gemeinsam zubereitet und verspeist werden.

Schlafzimmer in Arles (1888), des niederländischen Malers Vincent van Gogh

„Als ich in Frankreich im Urlaub war, hatte ich auch so ein Bett. Es hat gequietscht. Da konnte ich gar nicht richtig schlafen."

Schlafzimmerspiel

Das wird gebraucht:
die Vergrößerung (DIN A4 oder DIN A3) des Kunstbildes *Schlafzimmer in Arles* von Vincent van Gogh (auch in schwarz/weiß möglich), Klebepunkte, Laminiergerät, ein Würfel, 2–4 Spielfiguren in unterschiedlichen Farben

So wird's gemacht:
Spielplan: Mit ca. 14 Klebepunkten einen Weg durch das Zimmer führen, sechs Stellen als Aktionspunkte markieren und sechs Aufgaben formulieren. Zur besseren Handhabung den Spielplan laminieren.

AUFGABEN - BEISPIELE

(3) Erzähle, welche Möbel in dem Zimmer sind oder setze eine Runde aus.
(6) Wie viele Bilder hängen an der Wand? – Gehe einen Schritt vor.
(9) Warum hängt am Türrahmen ein Handtuch? – Du darfst noch einmal würfeln.

(11) Nenne drei Dinge, die auf dem Tisch stehen. – Gehe zwei Schritte vor.
(12) Singe ein Schlaflied – Du darfst direkt ins Bett.
(13) Du hast vergessen, das Fenster zu schließen – Gehe zurück zum Anfang.

Spielverlauf: Von den 2–4 mitspielenden Kindern beginnt dasjenige, das zuletzt Geburtstag hatte. Nacheinander setzt jeder seine Spielfigur entsprechend der gewürfelten Punktezahl auf den nächsten Punkt. Trifft jemand auf einen Aktionspunkt, führt er die Aktion aus. Wer zuerst direkt den letzten Punkt im Bett erreicht, ist Sieger und beginnt mit der nächsten Runde.

... oder so:

* Kinder malen und gestalten ihr „Traumzimmer“.
* Mit den Kindern in der Kita einen Raum als Traumzimmer einrichten mit Polstern, Decken, Kissen usw.

Haus mit Tannen im Schnee (1909), der deutschen Malerin Gabriele Münter

„Hat die Malerin da im Winter in dem Haus gewohnt? Konnte die da auch Schlittenfahren?“

Schneegeschichte malen

Das wird gebraucht:
weiße Wachsmalstifte, weißes Zeichenpapier, Pinsel, hellblaue Wasserfarbe

So wird's gemacht:
Eine selbst ausgedachte Geschichte mit weißem Wachsmalstift auf weißes Papier malen und mit blauer Wasserfarbe überpinseln. Das beinahe unsichtbare Bild wird sichtbar. Für Konturen können auch farbige Wachsmalstifte benutzt werden.

Schneekristalle schneiden

Das wird gebraucht:
quadratisches weißes Papier, Malstift, Schere, Klebestoff

So wird's gemacht:
1. Schritt: Das Quadrat diagonal zum Dreieck falten.
2. Schritt: Den Vorgang zweimal wiederholen, die gefalteten Seiten liegen nun aufeinander.
3. Schritt: Mit der Schere Muster in alle Seiten schneiden, dabei die gefalteten Seiten nicht ganz wegschneiden.
4. Schritt: Das filigrane Gebilde vorsichtig aufklappen und an die Fensterscheibe kleben.

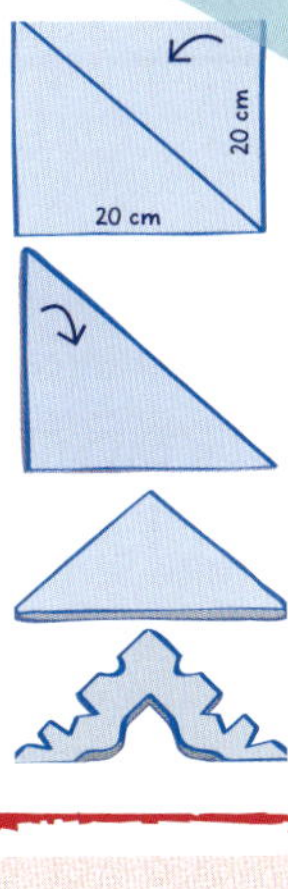

Kind mit Taube (1901), des spanischen Malers Pablo Picasso

„Die Taube kann bestimmt nicht mehr fliegen und das Kind hat sie gerettet!"

Papiertaube

Das wird gebraucht:
Tonpapier, Geschenkpapier, Malstifte, Schere, Klebestreifen, Prickelnadel, Bindfaden oder Holzstab

So wird's gemacht:
Die gestreckte linke Hand auf ein Tonpapierstück legen und mit dem Stift die Hand (den Daumen großzügig) umrunden. Auf den nun erkennbaren Umriss einer Taube beidseitig ein Auge und den Schnabel malen. Dann die Tauben-Schablone ausschneiden. Mittig, im oberen Drittel des Bauches, mit der Prickelnadel einen ca. 2 cm breiten Schlitz prickeln.

Nun ein Stück Geschenkpapier (ca. 20 cm x 25 cm) von der kurzen Seite her in ca. 2 cm breite Streifen zickzackförmig zu einem Fächer falten. Den gefalteten Streifen zur Hälfte durch den geprickelten Schlitz führen und beide Fächerseiten aufeinander drücken. Schließlich die Flügel leicht auseinanderziehen.

Am unteren Teil der Taube einen Holzstab mit Klebestreifen anbringen (= Stabpuppe) oder einen Bindfaden am oberen Körperteil befestigen und die Figur aufhängen.

Zwei Tauben

Es sitzen zwei Tauben
auf einem Dach
die eine fliegt fort
die andere fliegt nach.

Die erste kommt wieder
die zweite kommt wieder.
Jetzt sitzen sie wieder auf dem Dach
und machen einen ordentlichen Krach.

Der Sohn des Menschen (1964), des belgischen Malers René Magritte

Apfel-Maske

Das wird gebraucht:
farbiges Tonpapier, Teller, Schere, Gummiband, Klebeband, Prickelnadel, Malstifte, Kordel- oder Gummiband

So wird's gemacht:
Unter Zuhilfenahme des Tellers einen Kreis auf das Tonpapier zeichnen und den Kreis ausschneiden. Den Kreis vor das eigene Gesicht halten, während ein anderes Kind vorsichtig die Augenstellung markiert. Den Kreis herunternehmen und Sehschlitze einschneiden. In Höhe der Sehschlitze, jeweils an der Außenkante des Kreises, ein Stück Klebeband anbringen, dann ca. 2 cm von der Kante entfernt mit der Prickelnadel ein Loch stechen. Ein Stück Gummiband durch die zwei Löcher ziehen und verknoten. Die Maske kann nun als Apfel gestaltet, aufgesetzt und im Rollenspiel angewendet werden.

... oder so:
Alle sitzen im Stuhlkreis, es gibt einen Stuhl weniger als Mitspieler. Jedes Kind trägt eine Apfelmaske (anteilig in gelb, grün und rot). Das bekannte Kreisspiel „Der Obstkorb fällt um“ wird leicht variiert zu *„Der Apfelkorb fällt um“*: Ein Kind steht in der Kreismitte und fordert z. B.: „Alle roten und gelben Äpfel tauschen die Plätze!“ Es versucht dabei selber einen Platz zu besetzen. Gelingt es ihm, stellt sich das neue Kind in die Kreismitte und stellt ebenfalls so lange seine Forderung (nennt also zwei Apfelfarben), bis es einen Platz erwischt. Ruft es: „Der Apfelkorb fällt um!“, tauschen alle Kinder ihre Plätze.

Selbstbildnis (1960), des spanisch-katalanischen Malers Joan Miró.

„Der hat bestimmt sein Gesicht im Spiegel gesehen und sich mit Lippenstift angemalt.“

Spiegelbilder-Selfies

Das wird gebraucht:
Handspiegel, Smartphone, Klarsichthülle DIN A4, Gelstifte oder Folien-Malstifte, Klebestreifen

So wird's gemacht:
Die Kinder betrachten ihr Gesicht im Spiegelund beschreiben ihr Aussehen (Kopfform, Augenfarbe, Nase, Mund, Ohren). Dann wird mit dem Smartphone ein Selfie gemacht und in schwarz-weiß ausgedruckt. Die Kinder legen das Selfie in die Klarsichthülle und malen das eigene Gesicht aus. Das fertige Bild auf eine Fensterfläche oder Glastür kleben oder zusammen mit dem Bild an einer Kordel aufhängen.

... oder so:
* Aus vielen Spiegelbildern eine Bildergalerie zusammenstellen.
* Die Kinder lassen ihren Körperumriss auf eine Tapete malen, schneiden ihn aus und malen ihn später an.
* Zwei Kinder stehen sich gegenüber. Ein Kind bewegt sich (kämmt sich z. B. die Haare), das andere Kind ist der Spiegel und ahmt die Bewegungen nach.

2

Paolo als Pierrot (1925), des spanischen Malers Pablo Picasso

„Zorro im weißen Anzug? Langweilig! Mein Kostüm war besser."

Papieroverall bemalen

Das wird gebraucht:
weiße Einweg-Schutz-Overalls für Kinder (Baumarkt oder Internet), Finger- oder Acrylfarbe, Plakatfarbe, Pinsel, evtl. eine Schutzplane für den Fußboden

So wird's gemacht:
Die Kinder (nicht mehr als vier Beteiligte) überlegen und verabreden, wie sie ihren Anzug anmalen könnten, z. B. mit Piktogrammen, Streifen und Linien, geometrischen Formen oder Farbklecksen. Nach der Fertigstellung die Anzüge auf Kleiderbügeln an einer Wäscheleine zum Trocknen aufhängen. Die Kinder besprechen und planen einen Verwendungszweck für ihre bunten Papieroveralls.

... oder so:

* Gemeinsam einen Schutz-Overall für Erwachsene bunt bemalen und mit aufgeblasenen Luftballons füllen.
* Ausrangierte (für Kinder übergroße) weiße T-Shirts, weiße Kissenbezüge, weiße Tücher als Malgrund benutzen, z. B. als Kulissenbild für ein Puppen- oder Theaterspiel.

Farbtafel qu1 (1930), des deutschen Malers Paul Klee

Farbtafel-Spiele

Das wird gebraucht:
mehrere Farbkopien des Motivs „Farbtafel“ von Paul Klee, Schere, evtl. Laminiergerät

So wird's gemacht:
Die Kinder benennen die Farben und Formen, die sie im Bild finden. Sie zählen die Vierecke insgesamt und die Vierecke mit den jeweils gleichen Farben. Nun zerschneiden sie die Farbkopie in die einzelnen Farbvierecke (ein Bild bleibt zur späteren Kontrolle ganz). Sie ordnen diese nach eigener Vorstellung und legen Muster oder Farbreihen. Zum Abschluss legen sie die Farbvierecke mithilfe des Kontrollbildes wieder in ihren ursprünglichen Zustand. Soll die Farbtafel häufiger verwendet werden, lohnt es sich, sie zu laminieren.

Schnipsel-Elefanten

Das wird gebraucht:

Das Bilderbuch „Elmar“ von David McKee, Schablone eines Elefanten oder eine andere Elmar-Malvorlage aus dem Internet, bunte Papierschnipsel, Schere, Klebstoff

So wird's gemacht:

Den Bilderbuchklassiker gemeinsam lesen und betrachten. In Anlehnung daran eine Elefantenschablone anfertigen und diese mit bunten Papierschnipsel bekleben. Die Kinder finden einen Namen für ihren Elefanten und erzählen den anderen Kindern eine Elefantengeschichte.

Number 18 (1950), des amerikanischen Malers Jackson Pollock

„Das ist ja mal ein schönes Krikkelkrakel. Das habe ich auch schon mal gemacht. Das macht Spaß.“

Spritz-Technik (Dripping)

Das wird gebraucht:

großformatiges Papier (Zeichen-, Pack-, Tonpapier, Plakatkarton, Tapete, Rückseite alter Plakate o. Ä. (mindestens DIN A3), Wasser-, Schultempera-, Gouache- oder Aquarellfarbe, dicke Borstenpinsel, Einwegspritzen, kleine Plastikflaschen, gelöcherte Plastiktüten oder Blechdosen, Malerfolie zum Abdecken der Umgebung

So wird's gemacht:

Die flüssige Farbe wird mit einem oder mehreren unterschiedlichen Farbträgern getröpfelt oder schwungvoll auf einen Farbuntergrund gespritzt. Gouachefarbe leuchtet besonders gut auf einem schwarzen Untergrund.

TIPP

Da bei dieser Technik der Malprozess im Vordergrund steht und die Farbe spontan auf den Untergrund gebracht wird, eignet sie sich auch gut für eine Gemeinschaftsarbeit.

Techniken (1925), des deutschen Malers Max Ernst

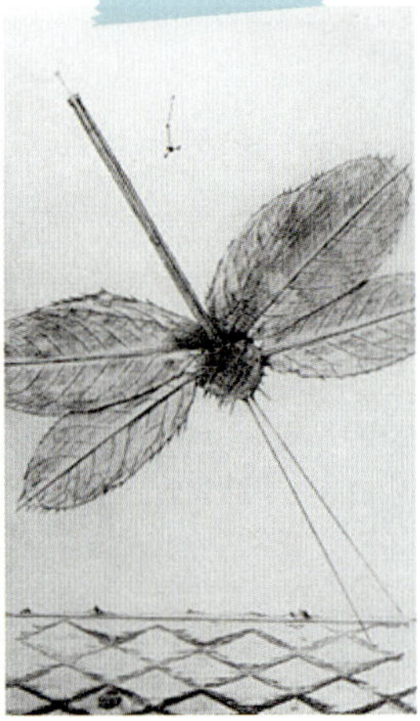

„Ein fliegender Propeller der Extraklasse stürzt auf die Erde. Kann man den auch bunt anmalen?"

Laubblätter-Frottage

Das wird gebraucht:
Zeichenpapier, Blei- oder Grafitstift, Wachskreide, flaches Material mit einer strukturierten Oberfläche und/oder markanten Umrissen (z. B. gepresste Kastanien-, Eichen-, Buchenblätter, Grashalme, Federn, Kiefern- oder Tannennadeln), evtl. Klebestift zum Fixieren des Laubs

So wird's gemacht:
Das Zeichenpapier auf die strukturierte Oberfläche des Materials legen und mit einem Kreidestift gleichmäßig und mit leichtem Druck darüberstreichen. Die erhabenen Stellen des Gegenstands zeichnen sich auf dem Papier deutlich ab.

... oder so:
Aus Laubblättern Muster oder Figuren legen, diese mit einem Klebestift fixieren, eine Frottage erstellen und dem Kunstwerk einen Namen geben.

Mann auf Halbkugel des deutschen Bildhauers Daniel Wagenblast

„Der kann ja gar nicht von der Kugel runterfallen. Der hat so große Füße."

Knetmann/Knetfrau

Das wird gebraucht:
Weinsteinknete, Acrylfarben, Klarlack, Pinsel

So wird's gemacht:
Aus der Knetmasse einen Knetmann oder eine Knetfrau formen. Nach dem Trocknen die Figur mit Acrylfarben anmalen und mit Klarlack versiegeln.

REZEPT: WEINSTEIN-KNETE

Das wird gebraucht: 2 Teelöffel Weinsteinsäure (Apotheke), ½ l Wasser, 500 g Mehl, 200 g Salz, 3 Esslöffel Öl, Lebensmittelfarbe

So wird's gemacht: Die Weinsteinsäure (zur Konservierung der Knete) in ½ l heißem Wasser auflösen. Mehl, Salz und Öl hinzufügen und gut verkneten. Die Knete luftdicht aufbewahren.

... oder so: Knete mit Lebensmittelfarbe einfärben.

Halbkugel formen

Das wird gebraucht:
Luftballon, Pappmaché, Schere, Acrylfarben, Klarlack, Pinsel

So wird's gemacht:
Einen aufgeblasenen Luftballon zur Hälfte mit Pappmaché-Modelliermasse bestreichen und trocknen lassen. Nach dem Trocknen den Ballon zerstechen und herauslösen. Den Rand mit der Schere glatt schneiden und die Halbkugel nach eigener Vorstellung mit Acrylfarben bemalen. Knetfiguren (mit Zahnstocher) oder andere Dinge (z. B. ein gefaltetes Papierschiff) darauf befestigen.

2.3 Die Kunst im Museum besuchen

WAS PASSIERT BEI EINEM AUSFLUG INS KUNSTMUSEUM?

* *Museumsbesuche jeglicher Art beleben den Kita-Alltag und fördern die kindliche Persönlichkeit. Sie sind ein Ort gemeinsamer Erlebnisse und Entdeckungen.*
* *Besuche von Kunstmuseen und Skulpturenparks verschaffen neue Sinneseindrücke und bieten vielfältige Entwicklungsmöglichkeiten.*
* *Kinder zeigen vor allem dann Interesse an Kunstwerken, wenn diese den kindlichen Erlebnisfähigkeiten entsprechen. Kinder erschließen sich die Bilder, Skulpturen und Objekte auf ihre eigene Art und Weise.*
* *Die Bilder einer Ausstellung wecken die Fantasie des Kindes, regen seine Vorstellungskraft sowie den schöpferischen Gestaltungswillen an.*
* *Um Überforderung und Verdruss zu vermeiden, müssen nicht zwingend alle Kunstwerke einer Ausstellung betrachtet werden. Vor dem Besuch kann eine Vorauswahl getroffen und evtl. auch nur ein einzelner Gegenstand näher betrachtet werden.*
* *Bei einer in die Dauerausstellung integrierten Sonderausstellung kann es sinnvoll sein, mehrere Kurzbesuche einzuplanen.*
* *Die Kinder sollten nach dem Besuch einer Ausstellung unbedingt die Gelegenheit haben, selbst gestalterisch aktiv zu werden.*

2

Mit Kindern den Besuch einer Kunstausstellung vorbereiten

Das wird gebraucht:
ca. 8–10 Kinder ab 4/5 Jahren, zwei begleitende Erwachsene, Termin und Zeitrahmen, Kontakt zum Museum, Wegbeschreibung, Klärung der Aufsicht und Versicherung mit dem Kitaträger und dem Museum

MUSEUMS-REGELN
Leise sein!
Nichts anfassen!
Nicht drängeln!
Nicht rennen!

So wird's gemacht:

* Informationen und Begleitmaterial über Kinderführungen des Museums beschaffen.
* Auskünfte über mögliche Vorerfahrungen der Kinder einholen.
* Mit den Kindern klare Verhaltensregeln und Rituale absprechen (Kinder wollen die Dinge anfassen).
* Bei der Planung die individuelle und begrenzte Aufmerksamkeitsspanne der Kinder beachten und vor Ort flexibel reagieren.
* Das eigene Interesse an der Ausstellung bekanntmachen, Engagiertheit und Spaß der Erwachsenen übertragen sich auf die Kinder.
* Mit den Kindern vor- und nachbereitende Tätigkeiten durchführen und ihnen die Möglichkeit geben, Eindrücke und Erfahrungen zu vertiefen, z. B. mit Begleitmaterialien zur Ausstellung.
* Abschließend mit allen Beteiligten die Exkursion reflektieren.

Mit Kindern eine Kunstausstellung besuchen

Das wird gebraucht:

Ausstellungskatalog, Prospektmaterial, evtl. eine Kunstpädagogin, die durch die Ausstellung führt, evtl. vorbereitete Aufgabenblätter zu einzelnen Werken, Zeichenblätter, Buntstifte, 3-D-Brille, Lupe, Papprollen

So wird's gemacht:

* Einführungsspiel, z. B. Puzzel auf s.S. 93
* Wörter nennen, die einem zu dem Titelbild des Katalogs einfallen, egal, ob sie passen oder nicht.
* Kunstwerken einen eigenen Namen geben, diese mit dem „echten“ Titel vergleichen.
* Sehübungen vor dem Kunstwerk, z. B. mit einem Fernglas oder einer 3-D-Brille oder Bildausschnitte mit einer Leselupe oder durch eine Papprolle fokussieren.
* Mit den Kindern ins Gespräch kommen, z. B.: Was siehst du? Welche Farbe gefällt dir? Wieso ist das Pferd blau?
* Details eines Werkes herausgreifen und näher besprechen, Erinnerungsbrücken schaffen und Assoziationen zu den Erfahrungen des Kindes bilden (Erinnerst du dich an ...?).
* Der Beschreibung eines Kunstwerkes mit geschlossenen Augen zuhören. Auf diese Weise kann ein inneres Bild entstehen.
* Nicht auf jede Frage der Kinder müssen Erwachsene sofort eine Antwort wissen. Gemeinsam Informationen recherchieren und nach Erklärungen suchen.
* Die Kinder regen sich gegenseitig an, indem sie sich ihr Lieblingskunstwerk zeigen und erklären. Kinder haben einen eigenen Kunstgeschmack und bilden sich ihr persönliches Urteil.
* Kein Thema ausschließen, auch nicht Tod oder Krieg. Das, was Kinder beschäftigt, entdecken sie in Kunstwerken wieder.
* Kinder mögen klare Farben, Formen und Kontraste. Wenn der Blick an einem Werk „hängenbleibt“, ist die Auswahl erfolgversprechend.

Tipps für Aufträge und Fragen zur AUSSTELLUNG

* Finde die Originalbilder, die im Prospekt zur Ausstellung abgebildet sind.
* Wie viele Personen zählst du auf dem Bild? Male deine Lieblingsfigur ab.
* Welche Farbe hat die Sonne? Male deine Sonne.
* Stell dir vor wie sich das Licht, die Farbe, die Form anfühlt.
* Gehe fünf Schritte von dem Bild weg. Was siehst du jetzt?
* Gehe zu deinem Lieblingsbild. Male, was dir daran gefällt.
* Welches Bild gefällt dir nicht? Erkläre, was du anders malen würdest.
* Überlege, warum der Künstler/die Künstlerin das Bild so gemalt hat bzw. diese Farben gewählt hat.
* Male ein Bild von dir beim Besuch der Ausstellung.

Spielerische Aktivitäten zum Museums- oder Ausstellungsbesuch

Ich sehe was, was du nicht siehst

Das wird gebraucht:
ein buntes Kunstposter

So wird's gemacht:
Alle sitzen im Kreis. Die Spielleitung beginnt mit dem Spruch: „*Ich sehe was, was du nicht siehst und das ist ___________.*"

Sie nennt eine Farbe aus dem Farbspektrum des Bildes. Die Spieler schauen genau hin und benennen nacheinander unterschiedliche Stellen mit der gesuchten Farbe. Errät ein Kind die gesuchte Stelle, ist es als Nächstes dran.

... oder so:
Zusätzlich zu den Farben können weitere Merkmale benannt werden.

Kunstpostkarten-Puzzle

Das wird gebraucht:
Postkarte(n) eines Kunstwerks aus der Sammlung des Museums, Malstift, Schere

So wird's gemacht:
Auf die Rückseite der Postkarte Linien einzeichnen und entlang der Linien die Karte zerschneiden. Die einzelnen Puzzleteile von den Kindern wieder zusammensetzen lassen.

... oder so:
Mehrere Kunstpostkarten in jeweils vier Teile zerschneiden. Jeder Spieler bekommt ein Puzzleteil in einem verschlossenen Kuvert. Auf ein Startzeichen öffnen die Spieler ihre Umschläge. Jeder Spieler sucht sich seine Puzzlepartner, um mit diesen gemeinsam schnell das Kunstbild zu legen. Ist die Gruppe fertig, setzen sich die Kinder hin (eignet sich auch zur Gruppeneinteilung).

Kunstbild-Puzzle-Lauf

Das wird gebraucht:
Poster, z. B. *Blaues Pferd* (1911) des deutschen Malers Franz Marc, zwei Teams, pro Team ein Puzzle (bestehend aus 20 oder 25 Teilen). Dazu aus zwei verschiedenen Kunstpostern zwei Puzzle herstellen. Zunächst auf der Rückseite des Plakates ein Gitter von 25 Feldern zeichnen, dann entlang der Linien das Bild in 25 Vierecke schneiden.

So wird's gemacht:
Es bilden sich gleich starke Teams. Auf ein Startzeichen laufen die einzelnen Spieler nacheinander zu den Puzzleteilen, die für jedes Team gesondert auf einem Stuhl liegen, bringen jeweils eines zu ihrem Team und schlagen den nächsten Läufer ab. Das Team versucht inzwischen, die einzelnen Teile zu einem Ganzen zusammenzufügen. Welches Team erkennt das Kunstwerk als Erstes bzw. ist zuerst fertig?

... oder so:
* Bei einer zweiten Laufrunde werden die Poster getauscht.
* Die Bewegungsart wird variiert, z. B. rückwärtsgehen, hüpfen usw.

2

Pappbrille

Das wird gebraucht:
Pappe, Schere, Farbstifte, evtl. Transparentpapier, Klebstoff

So wird's gemacht:
Auf ein rechteckiges Pappstück ein Brillengestell malen, ausschneiden und bunt anmalen. Wer möchte, kann als Brillenglas ein Stück Transparentpapier einkleben.

Fernglas/Fernrohr

Das wird gebraucht:
zwei gleich große Papprollen, Transparentpapier, Buntpapier, Kordelband, Prickelnadel, Klebstoff, Malstifte

So wird's gemacht:
Beide Rollen aneinanderkleben. Seitlich jeweils ein Loch anbringen, durch das ein Stück Kordel geführt und verknotet wird. Das Fernglas kann wie Kette umgehängt werden, nachdem es mit den Malstiften verziert wurde.

... oder so:
Für ein Fernrohr werden drei (im Durchmesser unterschiedliche) Papprollen ineinandergesteckt. Die einzelnen Rohre anmalen oder mit Papierresten bekleben. Jeweils ein Gummiband um die innen liegenden Rohre anbringen, um ein Verrutschen der Rohre zu verhindern.

Fotoapparat – gefaltet

Das wird gebraucht:
pro Fotoapparat 4 DIN-A4-Bögen (weiß oder farbig), evtl. Malstifte

So wird's gemacht:
Die Faltschritte entsprechend der Vorlage ausführen:

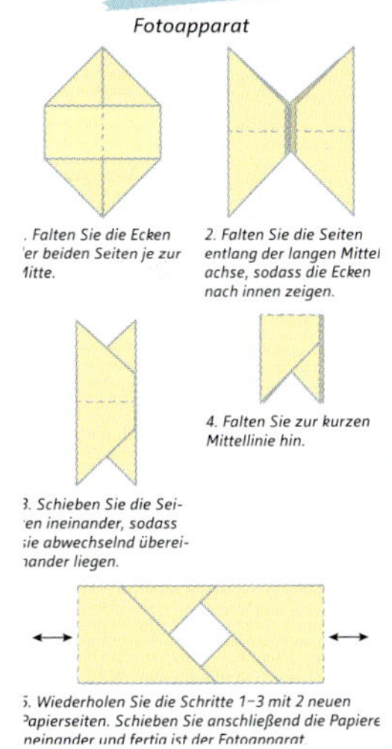

1. Die langen Seiten aufeinander falten und wieder öffnen. Die Ecken zur Mitte falten.
2. Die Längsseiten zusammenklappen, sodass die Ecken innen sind. Schritt 1 und 2 mit einem weiteren Bogen wiederholen
3. Beide gefalteten Bögen ineinanderschieben, sodass sie abwechselnd übereinander liegen.
4. Die vier spitzen Ecken aufeinanderlegen und falten.
5. Die Schritte 1–3 mit zwei neuen Papierbögen wiederholen.
6. Anschließend die zwei gefalteten Teile ineinanderschieben und sie vorsichtig rein- und rausziehen. Fertig ist der Fotoapparat.
7. Auf Wunsch kann der gefaltete Fotoapparat farbig angemalt werden.

Mein Kunstbuch

Das wird gebraucht:
ein rechteckiges Blatt Papier, Schere oder Cuttermesser, evtl. Klebstoff

So wird's gemacht:
1. Das rechteckige Blatt Papier in vier gleiche Felder falten. Dann die längeren Ränder zusammenfalten und wieder öffnen.
2. Zwischen den inneren waagerechten Brüchen auf der Mittellinie einen Schnitt machen (Abb. 1).
3. Das Blatt in der Mitte so zusammenschieben, dass der obere und der untere Rand zusammenkommen (Abb. 2).
4. Das Papier am linken und rechten Rand festhalten. Die beiden Papierlagen in der Mitte auseinanderdrücken (Abb. 3).

5. Jede „Seite“ zusammendrücken. Das Rechteck der Seiten in der Mitte falten. (Abb. 4).
6. Das Buch ist fertig. Es kann bemalt, beklebt oder beschriftet werden.

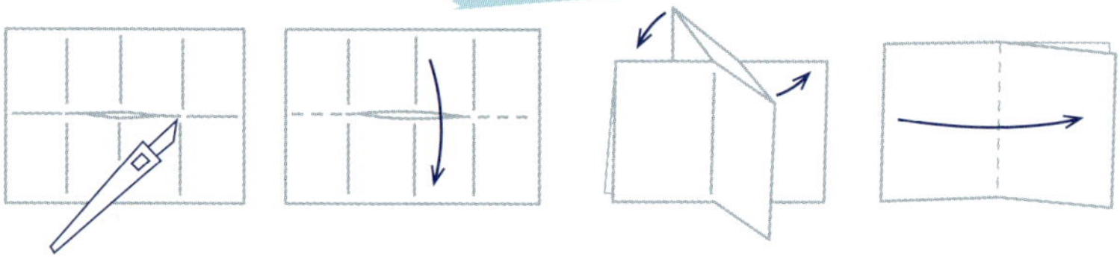

Zwei Ausstellungsbesuche

Alexander Calder – Avantgarde in Bewegung, Kunstsammlung NRW, Düsseldorf, 2013

Der amerikanische Bildhauer **Alexander Calder** (1898–1976) schuf in der Anfangsphase seines künstlerischen Schaffens Plastiken aus Vorhangringen und Eisendraht, die den Anschein erwecken, als seien sie aus einem einzigen Stück Draht geformt.

„Der sieht ganz anders aus als seine Drahtköpfe, auch rund, aber eher so weich."

Alexander Calder bei der Anfertigung eines Drahtkopfes mittels Zange und Draht in seinem Atelier.

Alexander Calder bei der Anfertigung eines Drahtkopfes mittels Zange und Draht in seinem Atelier.

Drahtköpfe

Das wird gebraucht:
Blumendrahtrolle (fein), Luftballon, Zange, Styroporreste, Dekomaterial (Federn, Wollreste, Schleifenband, ...)

„Das war alles doof, nur die Köpfe waren gut."

Nach dem Besuch der Ausstellung mit Werken von Alexander Calder fertigte L. (8 Jahre) diese Zeichnung an.

So wird's gemacht:
Den Luftballon nicht zu fest aufblasen. Dann den Draht um den Ballon wickeln, zunächst drei- bis viermal in nur eine Richtung. Bei den nächsten Runden die Gesichtsmerkmale (Ohren, Nase, Mund, Augen) ausformen und zum Schluss den Halsansatz. Mit der Zange oder einer alten Schere den Draht abkneifen und beide Drahtenden in ein Stück Styropor stecken. Die Luft aus dem Ballon lassen und ihn entfernen. Den Drahtkopf mit dem Dekomaterial ausstatten.

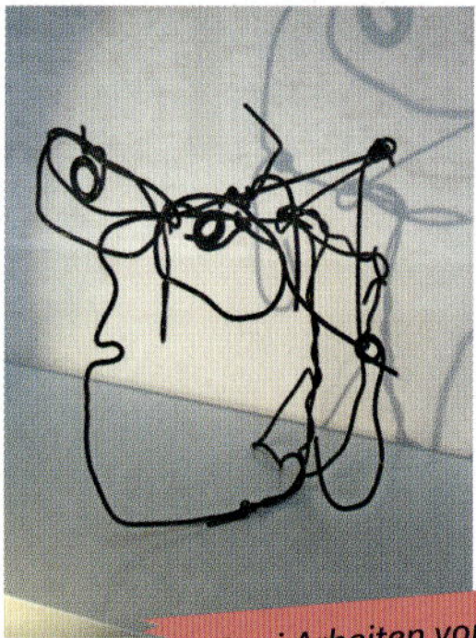

Zwei Arbeiten von Studierenden

Joan Miro – Welt der Monster, Max Ernst Museum, Brühl, 2018

Der spanisch-katalanische Künstler **Joan Miró** (1892–1983) war Maler, Grafiker, Keramiker und Bildhauer. Neben Bildern und Keramiken schuf er unterschiedlichste Skulpturen. Häufig bestehen diese aus beliebigen Fundstücken und scheinbar wertlosen Gegenständen, die er zufällig aufgesammelt und später zu oft kuriosen Figuren und Gebilden zusammengefügt hat.

„Der sieht aber freundlich aus, der hat so lustige Augen."

„Die Antenne ist ja ganz schön lang. Da hat er dann guten Empfang von oben."

Monsterfiguren

Das wird gebraucht:

Magnettafel als Bildunterlage, viele kleine Magnete (Baumarkt), evtl. Wackelaugen, Klebstoff, viele verschiedene Kleinteile, z. B.:

* Haushaltsgegenstände (Siebe, Holzlöffel, Bürsten, Wäscheklammern, Plastikbesteck, Topfkratzer, Haargummis, Kämme, ...)
* Spielzeug (ausrangierte Spielzeugteile, Puppenköpfe, Perlen, ...)
* Abfallmaterial (Korken, Kronkorken, Schraubverschlüsse, Brillenbügel, ...)
* Naturmaterial (Muscheln, Holzstücke, Äste, Federn, ...)
* Verpackungsmaterial (leere Tuben, Schachteln, Papprollen, ...)
* Werkzeuge (Metermaß, Schlauchreste, Pinsel, ...

So wird's gemacht:

Die Magnettafel am besten an der Wand befestigen. Einen kleinen Magneten an jedes einzelne Kleinteil kleben. Nach dem Trocknen können die einzelnen Teile zusammengesetzt werden, z. B. zu einem Gesicht mit Haaren, Nase, Ohren, Mund, Augen usw. oder zu einer Figur mit Hals, Rumpf, Armen und Beinen.

... oder so:

Wenn nicht genug Magnete vorhanden sind, können die Materialien ineinandergesteckt oder miteinander verbunden werden und so auch Monster ergeben.

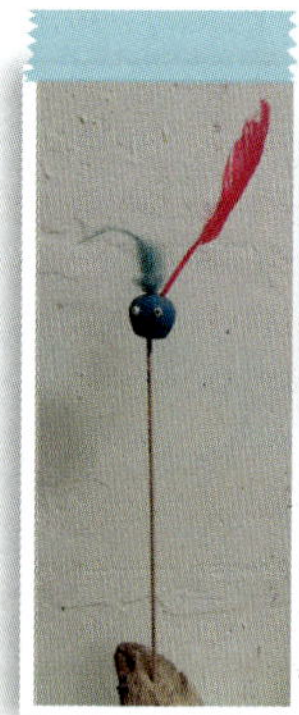

2.4 Ein Kunstprojekt in der Kita: „Wir entdecken Hundertwasser“

WAS PASSIERT BEI EINEM KUNSTPROJEKT?

* *Projekte sind in der Kita geplante, längerfristige, konkrete Lern-Unternehmen, die unter einem bestimmten Thema stehen und an denen sich über einen längeren Zeitraum eine kleine Gruppe von Kindern (max. 10) ab 5 Jahre mit oder ohne Erwachsene befasst.*
* *Kunstprojekte zeichnen sich in der Regel durch exemplarisches Lernen aus, d. h. die Kinder können sich, motiviert durch Neugier und Interesse, z. B. mit den Werken eines bestimmten Künstlers auseinandersetzen und eigene Erfahrungen machen, indem sie versuchen, seine Malweise nachzuahmen. Bei Bildbetrachtungen haben sie die Möglichkeit, ihre Wahrnehmungen, Gefühle, Fantasien und Vermutungen einzubringen.*
* *Projektorientiertes Lernen ist ganzheitliches Lernen, d. h. Lernen mit Kopf, Herz und Hand. Es orientiert sich am Entwicklungsstand der Kinder und sollte sie weder über- noch unterfordern, sondern ihre Stärken und Defizite integrieren.*
* *Kunstprojekte erfordern den methodischen Einsatz aktiver Lernformen, z. B.:*
  - *beobachten („Was ist auf dem Bild zu sehen?“)*
  - *untersuchen („Welches Material hat der Künstler für sein Bild benutzt?“)*
  - *experimentieren („Wie kann ich eine Spirale malen?“)*
  - *interviewen („Warum sieht die Hundertwasser-Kita so anders aus?“)*
  - *diskutieren („Würdest du später auch gerne Maler werden?“)*
  - *reflektieren („Was hat dir an dem Projekt am besten gefallen?“)*
* *Das Tun und der kreative Prozess stehen im Mittelpunkt, das Ergebnis ist weniger entscheidend.*
* *In einem Kunstprojekt haben die pädagogischen Fachkräfte die Aufgabe, die Kinder zu begleiten, d. h. sie zu motivieren und zu unterstützen, Anregungen zu geben, Materialien bereitzustellen, Entscheidungsmöglichkeiten aufzuzeigen und die Zusammenarbeit in der Gruppe zu fördern.*
* *Das persönliche Engagement trägt dazu bei, Kinder, Eltern und andere Fachkräfte in die notwendigen Vor- und Nachbereitungsarbeiten einzubinden. Der Erfolg stärkt das Gemeinschaftsgefühl und macht Lust auf weitere Projekte.*

- *Ziel jeder Projektarbeit ist es, kindliche Handlungskompetenzen wie Selbstständigkeit, Eigenverantwortung, und Kooperation zu erweitern.*
- *Reflexion ist eine Möglichkeit, sich die Erfahrungen von Projekten bewusst zu machen, das eigene Verhalten zu überdenken, es mit zeitlichem Abstand neu zu betrachten, um anschließend Lösungen zu finden und Anregungen für die weitere Arbeit zu gewinnen. Die Klärung eigener und gegenseitiger Erwartungshaltungen, interessierte Fragen und offene Antworten erleichtern verbindliche Absprachen im Team.*

Wer war Friedensreich Hundertwasser?

„Malen ist Träumen. Wenn ich male, träume ich. Wenn der Traum zu Ende ist, erinnere ich mich nicht mehr daran, was ich geträumt habe. Das Bild aber bleibt. Es ist die Ernte des Traums.“ – (Hundertwasser)

Das wird gebraucht:
das Kunstbild Selbstportrait (1976) von Friedensreich Hundertwasser, mehrere Spiegel, Zeichenpapier (DIN A4), Wasserfarbe, Becher, Pinsel oder Wachsmalstifte

So wird's gemacht:
Während der gemeinsamen Betrachtung des Porträts von Friedensreich Hundertwasser führt die Erzieherin mit den Kindern ein Gespräch über den Künstler:

* Dies ist das Bild von Friedensreich Hundertwasser. Er war ein sehr berühmter Maler und Künstler, der in Österreich geboren wurde. Wie sieht das Gesicht des Malers aus?
* Ist er jung oder alt? Ist er fröhlich oder traurig?
* Eigentlich hieß er nicht Friedensreich Hundertwasser, sondern Friedrich Stowasser. Da er aber schon als junger Mann wusste, dass er später einmal Künstler werden wollte, dachte er sich selbst einen Namen aus – einen Künstlernamen: aus „Friedrich“ wurde „Friedensreich“, weil er wollte, dass auf der ganzen Welt Frieden sein sollte und aus „Stowasser“ wurde „Hundertwasser“, weil „sto“ in einer anderen Sprache „hundert“ bedeutet. Später gab er sich noch zwei weitere Vornamen: „Regentag“, weil er gerne an Regentagen arbeitete und „Dunkelbunt“, weil er meinte, dass die Farben an Regentagen besonders leuchten. Also hieß er von nun an: Friedensreich Regentag Dunkelbunt Hundertwasser.
* Wenn ihr euch einen Namen aussuchen könntet, wie würdet ihr dann gerne heißen oder was sind eure liebsten Dinge? (mögliche Antworten der Kinder, z. B. *Luke Skywalker Sonnenschein oder Jutta von Kalkutta-Kuschelweich).*

* Setzt euch jetzt vor einen Spiegel und versucht euer Gesicht zu malen. Vielleicht möchtet ihr auch Farben benutzen, die euch besonders gut gefallen. Ihr könnt wählen, ob ihr mit Wasserfarbe oder lieber mit Wachsmalstiften malen wollt.
* Danach werden wir die Bilder aufhängen und die anderen Kinder fragen, ob sie wissen, wer auf dem Bild zu sehen ist.

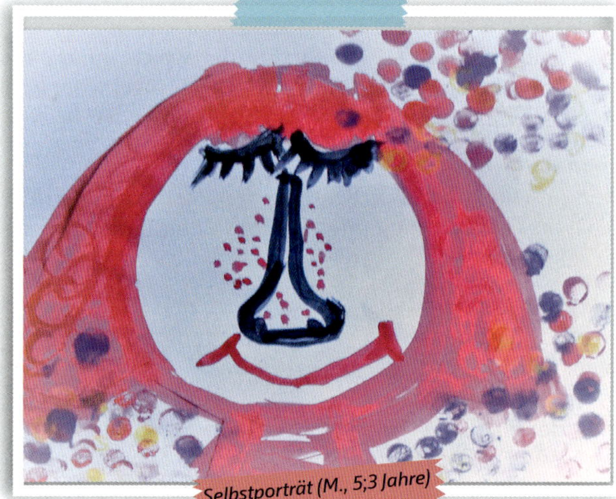

Selbstporträt (M., 5;3 Jahre)

Die gerade Linie

„In der Natur gibt es keine mit dem Lineal gezogene gerade Linie.“ *– (Hundertwasser)*

Das wird gebraucht:
das Kunstbild *Kreisverkehr der Straßengekreuzigten* (1973) von Friedensreich Hundertwasser, alte Straßen- oder Landkarten, kleine Spielzeugfahrzeuge mit Rädern, Fingerfarbe, Schälchen, evtl. Pinsel

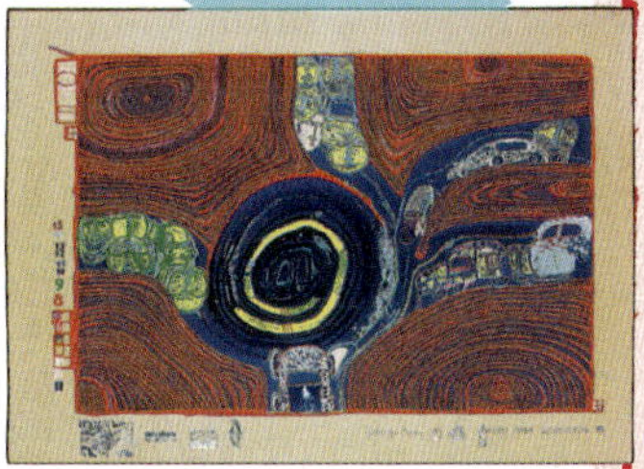

So wird's gemacht:
Während der gemeinsamen Betrachtung des Bildes führt die Erzieherin mit den Kindern ein Gespräch über die „gerade Linie“ bei Hundertwasser:

- Erzählt, was ihr auf dem Bild seht.
- Wo könnte das sein?
  Das ist in Paris, der Hauptstadt von Frankreich. Durch diese große Stadt ist Hundertwasser immer mit dem Fahrrad gefahren. Er meinte, dass die Linien genauso wunderbar seien wie alle anderen Linien, über die er fahre. Diese Linien, für die er viele Stunden brauchte und die ihn müde machten, wurden bei seiner Rückkehr zu riesigen Kreisen, die er schöner fand als die, die er auf einem Papier ziehen könnte.
  Hundertwasser mochte keine geraden Linien, weil es sie in der Natur nicht gibt. Nur Dinge, die von Menschen geschaffen sind, sind absolut gerade. Natürliche Dinge sind einzigartig, wie die Menschen. Nichts gleicht dem anderen haargenau.
- Wir wollen jetzt auch einmal Linien über eine große Landkarte ziehen. Dazu nimmt sich jeder ein Spielzeugauto, taucht die Räder in die Farbe oder streicht die Farbe mit dem Pinsel auf die Räder. Rollt mit den Farbrädern über die Landkarte.
  Wie viele verschieden Spuren könnt ihr hinterher erkennen?

Die phänomenale Spirale

„Unsere Erde beschreibt den Lauf der Spirale. Wir gehen im Kreis, aber wir kommen nie wieder an den Punkt zurück, der Kreis schließt sich nicht, wir kommen nur in die Nähe des Punktes, an dem wir gewesen sind. Das ist typisch für eine Spirale, dass es ein scheinbarer Kreis ist, der sich nicht schließt.“ – *(Hundertwasser)*

Das wird gebraucht:
das Kunstbild *Der große Weg* (1955) von Friedensreich Hundertwasser, Malblätter (DIN A4), Filzstifte, Fingerfarbe, Papiertücher

So wird's gemacht:
Während der gemeinsamen Betrachtung des Bildes *Der große Weg* führt die Erzieherin mit den Kindern ein Gespräch über die „phänomenale Spirale“:

* Was seht ihr auf dem Bild?
* Wie könnte das Bild heißen?
* Sind das viele Kreise oder eine Spirale?
* Die Spirale ist ein Kreis, der sich nicht schließt. Sie beginnt in der Mitte mit einem kleinen Punkt und dreht sich immer weiter nach außen. Das ist genau wie im Leben: Am Anfang sind wir wie ein kleiner Punkt. Wir werden größer, werden Schulkinder, Jugendliche, Erwachsene, werden immer älter und sterben. Das Leben ist wie eine Spirale. Hat die Spirale einen Anfang und ein Ende?

* Welche Farben hat die Spirale?
* Sind die Linien der Spirale gerade oder krumm?
* Die Linien der Spirale sind wie ein Weg. Wohin könnte der Weg führen?
  Wo gibt es bei uns Spiralen? Wir wollen jetzt Spiralen suchen, fühlen und vergleichen (z. B. Schneckenhaus, Wendeltreppe, Labyrinth, Spiralfedern)
* Wir gestalten „Fingerdruck-Spiralen“ mit Fingerfarbe.

... oder so:

Spiralen in den Sand malen. Aus Wolle, Fäden oder bunten Steinchen Spiralen legen oder mit bunten Papierschnipseln aufkleben.

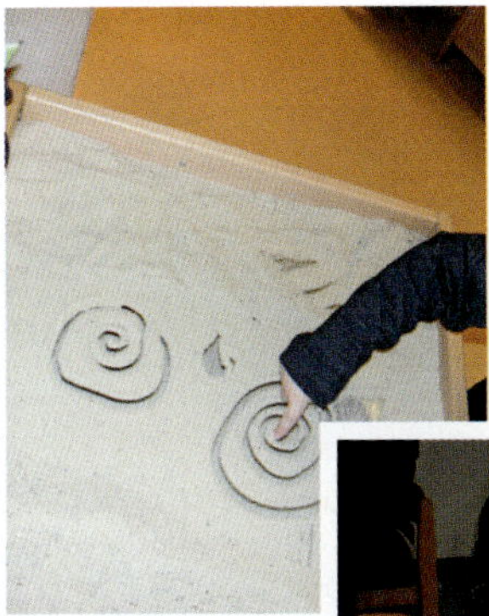

Dunkelbunte Farben

„An einem Regentag beginnen die Farben zu leuchten. Deshalb ist ein trüber Tag, ein Regentag, für mich der schönste Tag.“ – *(Hundertwasser)*

Das wird gebraucht:
das Kunstbild *Zwei Bäume auf dem Schiff Regentag,* (1973) von Friedensreich Hundertwasser, Malblätter (DIN A4), Wasserfarbe, Becher, Pinsel

So wird's gemacht:
Während der gemeinsamen Betrachtung des Bildes *Zwei Bäume auf dem Schiff Regentag* führt die Erzieherin mit den Kindern ein Gespräch über „dunkelbunte Farben“:

* Was seht ihr auf dem Bild?
* Das Bild heißt: „Zwei Bäume auf dem Schiff *Regentag*“. Könnt ihr das Schiff erkennen?

Der Maler Hundertwasser lebte viele Jahre auf seinem Segelschiff. Sein Schiff nannte er auch „Regentag“. Erinnert ihr euch noch an seine Vornamen (*Friedensreich Dunkelbunt Regentag*)?
Regentage mochte Hundertwasser sehr gerne, denn dann leuchten die Farben besonders, meinte er. Dunkelbunt bedeutet: in reinen starken tiefen Farben, etwas traurig, wie an einem Regentag. Deswegen umrandete er die dunkelbunten Farben auch meistens mit einer anderen Farbe, weil sie dann besser leuchten.
Wir wollen es jetzt einmal ausprobieren. Nehmt Wasserfarben und Pinsel!
Welche Farben sind für euch dunkelbunt und welche hellbunt?

Fensterrecht

„Die einen behaupten, die Häuser bestehen aus Mauern. Ich sage, die Häuser bestehen aus Fenstern.“ – *(Hundertwasser)*

Das wird gebraucht:
das Kunstbild *Fensterrecht* (1986) von Friedensreich Hundertwasser, selbstgemachte Fenstermalfarbe (siehe Rezept), Muffinform, Pinsel

So wird's gemacht:
Während der gemeinsamen Betrachtung des Bildes *Fensterrecht* führt die Erzieherin mit den Kindern ein Gespräch über „Fensterrecht“:

* Wie viele Fenster könnt ihr zählen?
* Sind die Fenster alle an einem Haus?
* Gibt es auch Fenster im Fenster?
* Das Bild heißt „Fensterrecht“. Was meinte Hundertwasser wohl damit? (Antworten der Kinder abwarten)
  Recht bedeutet, dass ihr etwas dürft. Ihr dürft in die Kita gehen oder ihr dürft spielen. Das ist euer Recht.
  Hundertwasser meinte, dass jeder Bewohner eines Hauses den Platz rund um sein Fenster so gestalten darf, wie es zu ihm passt und wie es ihm gefällt. Er nannte dies „Fensterrecht“.
* Wie würdet ihr eure Fenster gestalten? (Die Kinder können die Umrisse ihres Fensters auf Papier zeichnen und mit Bunt- oder Wachsmalstiften dekorieren)
* Sucht euch einen Partner und ein Fenster hier in der Kita. Malt zusammen „ein Fenster im Fenster“.

REZEPT: FENSTERMALFARBE

Das wird gebraucht:
1 Teil Mehl
1 Teil Spülmittel
1 Teil Wasser
Lebensmittelfarben
Muffinform (aus Metall)

So wird's gemacht: Spülmittel mit Wasser vermischen, dann das Mehl unterrühren. Die Masse in einer Muffinform verteilen und jede Mulde mit der gewünschten Lebensmittelfarbe färben.

Nach längerem Stehen kann sich die Farbe absetzen und muss deshalb wieder aufgerührt werden.

Baumpflicht

„Nur wenn Du den Baum liebst wie Dich selbst, wirst Du überleben.“ – *(Hundertwasser)*

Das wird gebraucht:
das Kunstbild *Die Bäume sind die Blumen des Guten* (1982) von Friedensreich Hundertwasser, Kleister, leere Toilettenpapierrollen, kleine Luftballons, Zeitungspapier, farbigen Bast, Pappe, Perlen oder Konfetti, Wasserfarbe, Pinsel

So wird's gemacht:
Während der gemeinsamen Betrachtung des Bildes *Die Bäume sind die Blumen des Guten* führt die Erzieherin mit den Kindern ein Gespräch über die „Baumpflicht“.

- Was seht ihr auf dem Bild?
- Sind das Blumen oder Bäume?
- Wie viele Bäume könnt ihr zählen?
- Wie sehen die Bäume aus?
  Hundertwasser liebte die Natur. Er meinte, dass alle Lebewesen ein Recht auf Lebensraum, hätten, auch die Bäume Wir brauchen die Bäume, obwohl die Bäume uns nicht brauchen.
  Bäume zu pflanzen, um Vögel und Schmetterlinge einzuladen, fand Hundertwasser, ist eine Pflicht, er nannte sie „Baumpflicht“.
- Warum brauchen wir Bäume? Was meinte er mit „Baumpflicht“? Pflicht bedeutet, dass ihr etwas machen müsst, z. B. euer Zimmer aufräumen oder im Haushalt helfen. Was wäre jetzt unsere „Baumpflicht“?
- Da wir jetzt keine Bäume pflanzen können, wollen wir Kugelbäume aus Pappmaché gestalten (siehe Rezept).

KUGELBÄUME AUS PAPPMACHÉ

Ein kleiner aufgeblasener Luftballon wird auf eine leere Toilettenpapierrolle gelegt. Darüber werden kleingerissene Zeitungspapierstücke mit Kleister überlappend aufgetragen und so auf eine Pappscheibe geklebt, dass der „Kugelbaum“ stehen kann. Anschließend bekommt der Baum eine „Krone“ aus farbigem Bast, die zusätzlich mit Perlen oder Konfetti geschmückt wird.

Zum Schluss können der „Stamm“ und der Untergrund noch mit Wasserfarbe bemalt werden.

Die zweite Haut (Kleidung)

„Ein freier Mensch trägt freie Kleidung.“ – *(Hundertwasser)*

Das wird gebraucht:
das Kunstbild *Die zweite Haut* (1986) von Friedensreich Hundertwasser, leere Toiletten- bzw. Küchenpapierrollen, Wolle, Stoffreste, bunte Servietten, Krepppapier, Geschenkpapier, Geschenkband, Schere, Klebstoff, Filzstifte

So wird's gemacht:
Während der gemeinsamen Betrachtung des Bildes *Die zweite Haut* führt die Erzieherin mit den Kindern ein Gespräch:

* Was seht ihr auf dem Bild?
* Wie viele Figuren seht ihr auf dem Bild?
* Wer könnte das sein?
* Hundertwasser nannte das Bild „Die zweite Haut“. Warum? Was ist denn dann die erste Haut?
* Wie sieht die Kleidung aus?
  Hundertwasser hat es manchmal geärgert, dass die Leute sich so langweilig anziehen. Er hätte sich gewünscht, schon an der Kleidung zu sehen, was für einem Menschen er begegnet. Er wollte, dass sie bunte Farben, lustige Hüte oder verschiedenartige Strümpfe tragen. Die Kleidung, die Hundertwasser schön fand, konnte er aber nirgendwo kaufen, deshalb nähte er sie selbst oder ließ sie nähen.
* Welche Kleidung würde euch gefallen?
* Wir wollen jetzt Figuren aus Papprollen herstellen. Gestaltet die Kleidung für die Figuren nach euren Vorstellungen.

Die dritte Haut (Wohnen)

„Viel lieber wäre mir, wenn ich irgendwo hinschaue, und sehe, dass es überall schön ist, und es wäre wichtig, dass die Leute selber anfangen, ihre Schlösser zu bauen. Denn wenn sie das nicht endlich einmal tun, dann weiß ich nicht, wie das weitergeht." – *(Hundertwasser)*

Das wird gebraucht:

das Kunstbild *Wartende Häuser* (1973) von Friedensreich Hundertwasser, Kleister, leere Toiletten- bzw. Küchenpapierrollen, Milchkartons, Kartons, Tonpapier, Watte, Muffinformen aus Papier, farbige Klebebänder, Pralinenschachteln, Goldfolie, Tischtennisbälle, Schere, Wasserfarbe, Pinsel

So wird's gemacht:

Während der gemeinsamen Betrachtung des Bildes *Wartende Häuser* führt die Erzieherin mit den Kindern ein Gespräch über „die dritte Haut“:

* Was seht ihr auf dem Bild?
* Hundertwasser hat das Bild „Wartende Häuser“ genannt. Worauf warten denn wohl diese Häuser?
* Erinnert ihr euch noch, an das Bild „Die zweite Haut“? Ja, die „zweite Haut“ ist unsere Kleidung. Und das Haus, in dem ein Mensch wohnt, ist seine dritte Haut. Hundertwasser meinte, man solle, wie bei der Kleidung, schon von außen sehen, wer in einem Haus wohnt. Weil für Hundertwasser Farben immer eine große Rolle gespielt haben, stellte er sich glückliches Wohnen auch richtig bunt und leuchtend vor.
* Wir wollen jetzt bunte Fantasiehäuser aus Papprollen, Milchkartons und Schachteln gestalten.
* Wenn alle Häuser fertig sind, stellen wir sie zusammen auf. Vielleicht sieht es dann aus wie eine kleine bunte Stadt oder ein verzaubertes Schloss?

LISTE DER GESTALTUNGSTECHNIKEN

T

W

LITERATURVERZEICHNIS

Bertelsmann Stiftung (Hrsg.): Frühe Bildung beobachten und dokumentieren. Gütersloh: Bertelsmann 2008.

Braun, Daniela: Handbuch Kunst und Gestaltung. Freiburg: Herder 2002.

Breyhan, Halka: Malen, Formen und Gestalten. Troisdorf: Bildungsverlag EINS 2009.

Brockschnieder, Franz-Josef/Ulrich, Wolfgang: Reggio-Pädagogik im Kindergarten. Freiburg: Herder Verlag 2001.

Gier, Renate: Die Bildsprache der ersten Jahre verstehen. München: Kösel 2004.

Gloor, Elisabeth: Kinderwerkstatt Holz. Ravensburg: Verlag Ravensburger 1983.

Jacobs, Dorothee: Kreative Dokumentation. Weinheim: Beltz & Gelberg 2006.

Kohl, MaryAnn F./Ramsey, Renee/Bowman, Dana: Erste Kunst mit allen Sinnen erfahren. Schaffhausen: SCHUBI Lernmedien 2016

Kunstmuseum Bonn (Hrsg.): Guggenheim. Kinderführer. Kunst- und Ausstellungshalle Bonn. Bonn 2007.

Kunstsammlung NRW (Hrsg.): Alexander Calder – Avantgarde in Bewegung. Ausstellungsmagazin. Düsseldorf 2013.

Leßmann, Sabina/Kunstmuseum Bonn (Hrsg.): VIM – Vorschulkinder im Museum. Bausteine für die museumspädagogische Arbeit mit Vorschulkindern in Kunstmuseen. Bonn 2011.

Ministerium für Schule, Jugend und Kinder des Landes Nordrhein-Westfalen (Hrsg.): Bildungsvereinbarungen NRW. Düsseldorf 2015.

Pertler, Cordula: Kinder erleben große Maler – Auf den Spuren von Monet, Renoir und anderen. München: Don Bosco Verlag 2006.

Reuys, Eva/Viehoff, Hanne: Jetzt kommen wir. Ideen und Spiele für 1-3 Jährige. München: Don Bosco Verlag 2007

Schuster, Martin: Kinderzeichnungen – wie sie entstehen, was sie bedeuten. 4. Auflage. München: Ernst Reinhardt Verlag 2015.

Seitz, Marielle: Kinderatelier. 3. Aufl.Seelze: Kallmeyer Verlag 2009.

Seitz, Rudolf: Kreative Kinder. München: Kösel Verlag 2009.

Sommer, Achim (Hrsg.): Miro – Welt der Monster. Max Ernst Museum Brühl, Ausstellungskatalog. Brühl 2017.

Stieff, Barbara: Träume ernten – Hundertwasser für Kinder., München: Prestel Verlag 2007.

Widlöcher, Daniel: Was eine Kinderzeichnung verrät. Frankfurt/Main: Fischer 1993.

Wessel, Mechthild/vom Wege, Brigitte: Kreative Kleinstkinder. Freiburg: Herder Verlag 2015.

Bauer, Jutta: Die Königin der Farben. 19. Aufl. Weinheim: Beltz & Gelberg Verlag 2019.

Bertelsen, Martin/Kozok, Hartmut: Jasper schafft Platz. 3. Aufl. Oldenburg: Lappan Verlag 2007.

Beutl, Petra: Fühl das Rot und sieh das Blau. Mit Kindern die Welt der Farben entdecken. 2. Aufl. Freiburg: Christophorus-Verlag 1999.

Couprie, Katy/Louchard, Antonin: Die ganze Kunst. Hildesheim: Gerstenberg Verlag 2006.

Ehgartner, Claudia/Mougin, Elise: Lilli kleckst. St. Pölten/Salzburg: Residenz Verlag 2011.

Elschner, Géraldine: Ein Haus für dunkelbunte Träume. München: Prestel Verlag 2020.

Fellehner, Zuni/Kuhl, Anke/Waechter, Alexandra: Kinder Künstler Kritzelbuch. Weinheim: Beltz & Gelberg Verlag 2012.

Hafner-Lugschitz, Natalie: Das Farbenmärchen. 2. Aufl. Wien: G&G Verlagsgesellschaft 2012.

Heller, Eva: Die wahre Geschichte von allen Farben. Hamburg: Carlsen Verlag 2019.

Hau, Kerstin/Völk, Julie: Das Dunkle und das Helle. Zürich: NordSüd Verlag 2019.

Köntopp, Paul: Weiß weiß Bescheid. Frankfurt a. M.: Baumhaus Verlag 2011.

Le Saux, Alain/Solotareff, Gregoire: Das kleine Museum. Frankfurt a. M.: Moritz Verlag 2013.

Lionni, Leo: Das kleine Blau und das kleine Gelb. Hamburg: Oetinger Verlag 1973.

Lionni, Leo: Pezzettino. Weinheim: Beltz & Gelberg Verlag 2017.

Lionni, Leo: Seine eigene Farbe. Weinheim: Beltz & Gelberg Verlag 2019.

Lohf, Sabine: Zitronengelb und Feuerrot. Frankfurt a. M.: Moritz Verlag 2013.

McKee, David: Elmar. 33. Aufl. Stuttgart: Thienemann Verlag 1989.Proske, Sven/Zirk, Robert: Das Mädchen mit dem roten Kleid. Mannheim: Kunstanstifter Verlag 2011.

Ruck Pauquèt, Gina: Das Vier-Farben-Land. Freiburg: Velber Verlag 2010.

Schreiber-Wicke, Edith/Holland, Carola: Als die Raben noch bunt waren. Stuttgart: Thienemann Verlag 2005.

van Genechten, Guido: Kleiner weißer Fisch. 8. Aufl. München: arsEdition 2015.

von Schemm, Jürgen: Paul Klee – Bilder träumen. Abenteuer Kunst. München: Prestel Verlag 2015.

Wehrli, Ursus: Kunst aufräumen. Zürich: Kein & Aber 2002.

INTERNETADRESSEN

Bundesverband Deutscher Kinder- und Jugendmuseen e. V., Berlin: www.bv-kindermuseum.de

Ev. Kindergarten und Familienzentrum Düsseler Tor, Wülfrath: https://ev-kita-duesseler-tor.de/

Bundesarbeitsgemeinschaft Mehr Sicherheit für Kinder e. V.: www.kindersicherheit.de Bundesverband Museumspädagogik, Dortmund (Hrsg.): Museen und Kindergärten. Ein Projekt des Bundesverbandes Museumspädagogik: www.museen-und-kindergaerten.de/methodenkartei/suche-nach-kompetenzbereichen

Schutzgemeinschaft Deutscher Wald, Bonn: www.sdw.de/waldwissen/verhalten-im-wald/waldknigge/

BILDQUELLENVERZEICHNIS

akg-images GmbH, Berlin: akg-images 75.1, 78.1, 82.1, 85.1, 92.1, 93.2, 111.1; akg-images / Fototeca Gilardi 80.1; Stein, Fred 99.1; YPS 76.1.

Bridgeman Images, Berlin: 97.1.

Fabiola Quadflieg, Köln: 7.1, 67.2, 68.1.

Fischer, Andreas, Köln: Titel, Titel, Titel, Titel, Titel, Titel.

fotolia.com, New York: 91.1.

Getty Images, München: Time Life Pictures / Mili, Gjon 97.2. |Hundertwasser Archiv, Wien: 103.1, 105.1, 108.1, 109.1, 113.1, 114.1.

iStockphoto.com, Calgary: FatCamera 44.1; GlinskajaOlga 44.2; KatarzynaBialasiewicz 7.2; okskukuruza 8.1; South_agency 102.1; vgajic 14.1.

Shutterstock.com, New York: Atamanenko, Evgeny 71.1; Gordievskaia, Tatiana 54.2; MikeDotta 89.1; Popova, Valeriya 67.3; sumire8 Titel.

stock.adobe.com, Dublin: 2dmolier 74.3; ARC Photography 65.2; dred2010 8.2; fotodesign-jegg.de 90.1; kore kei 67.1; machiavel007 90.2; Onnada 82.2; penyushkin 79.1; solotry Titel, Titel.

Verlagsgruppe Beltz, Weinheim: 50.1.

VG BILD-KUNST, Bonn: 77.1, 86.1, 87.1; Joan Miró i Ferrà, Miro, Selbstbildnis 81.1.

Vom Wege, Brigitte, Iserlohn: 5.2, 11.1, 12.1, 18.1, 25.1, 29.1, 30.1, 31.1, 32.2, 36.1, 37.1, 38.1, 38.2, 38.3, 41.2, 64.3, 64.4, 94.1, 104.1, 105.2, 106.1, 107.2, 108.2, 108.3, 109.2, 114.2.

Wessel, Mechthild, Düsseldorf: 5.1, 21.1, 28.1, 33.1, 34.1, 35.1, 36.2, 36.3, 37.2, 39.1, 40.1, 41.1, 42.1, 42.2, 42.3, 52.1, 53.1, 54.1, 55.1, 56.1, 57.1, 59.2, 60.1, 60.2, 61.1, 62.1, 62.2, 62.3, 63.1, 63.2, 64.1, 64.2, 64.5, 65.1, 66.1, 66.2, 70.1, 73.1, 74.2, 78.2, 81.2, 81.3, 81.4, 83.2, 84.1, 85.2, 86.2, 93.1, 94.2, 98.1, 98.2, 98.3, 99.2, 100.1, 100.2, 100.3, 100.4, 107.1, 107.3, 109.3, 112.1, 113.2, 114.3.

YPS - York Publishing Solutions Pvt. Ltd.: 13.1, 13.2, 13.3, 15.1, 15.2, 32.1, 59.1, 74.1, 77.2, 80.2, 83.1, 95.1, 96.1.

Wir arbeiten sehr sorgfältig daran, für alle verwendeten Abbildungen die Rechteinhaberinnen und Rechteinhaber zu ermitteln. Sollte uns dies im Einzelfall nicht vollständig gelungen sein, werden berechtigte Ansprüche selbstverständlich im Rahmen der üblichen Vereinbarungen abgegolten.